CADERNO do Futuro

A evolução do caderno

CIÊNCIAS

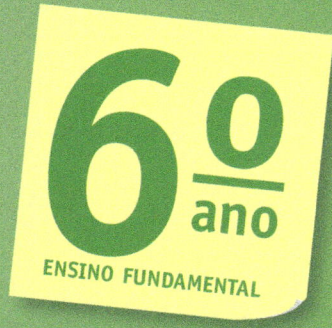

6º ano
ENSINO FUNDAMENTAL

3ª edição
São Paulo – 2013

Coleção Caderno do Futuro
Ciências
© IBEP, 2013

Diretor superintendente	Jorge Yunes
Gerente editorial	Célia de Assis
Revisão técnica	Sonia Bonduki
Assistente editorial	Érika Domingues do Nascimento
Revisão	André Tadashi Odashima
	Luiz Gustavo Bazana
Coordenadora de arte	Karina Monteiro
Assistente de arte	Marilia Vilela
	Nane Carvalho
	Carla Almeida Freire
Coordenadora de iconografia	Maria do Céu Pires Passuello
Assistente de iconografia	Adriana Neves
	Wilson de Castilho
Ilustrações	André Comesin de Paschoal
Produção gráfica	José Antônio Ferraz
Assistente de produção gráfica	Eliane M. M. Ferreira
Projeto gráfico	Departamento de Arte Ibep
Capa	Departamento de Arte Ibep
Editoração eletrônica	N-Publicações

CIP-BRASIL. CATALOGAÇÃO-NA-FONTE
SINDICATO NACIONAL DOS EDITORES DE LIVROS, RJ

F742c
3.ed.

Fonseca, Albino, 1931-
 Ciências, 6° ano / Albino Fonseca. - 3. ed. - São Paulo : IBEP, 2013.
 il. ; 28 cm (Caderno do futuro)

 ISBN 978-85-342-3552-5 (aluno) - 978-85-342-3556-3 (mestre)

 1. Ciências (Ensino fundamental) - Estudo e ensino. I. Título. II. Série.

12-8671.
CDD: 372.35
CDU: 373.3.016:5

27.11.12   30.11.12   041046

Impresso na Gráfica FTD

3ª edição - São Paulo - 2013
Todos os direitos reservados.

Av. Alexandre Mackenzie, 619 - Jaguaré
São Paulo - SP - 05322-000 - Brasil - Tel.: (11) 2799-7799
www.editoraibep.com.br editoras@ibep-nacional.com.br

SUMÁRIO

NOÇÕES BÁSICAS DE ASTRONOMIA

1. O Universo e a Terra 4
2. O Sistema Solar 8

O SOLO

3. A estrutura da Terra – rochas 13
4. A origem e a composição do solo 17
5. O preparo e a preservação do solo 18
6. Combatendo a erosão do solo 23
7. O solo e a nossa saúde 27
8. O subsolo brasileiro 31

A ÁGUA

9. As mudanças de estado físico da água 34
10. Como a água é encontrada na natureza 37
11. Purificando a água 39
12. A água e a nossa saúde 43
13. A composição da água 46
14. A densidade da água e de outras substâncias 49
15. A flutuação dos corpos na água 51
16. A água exerce pressão 54
17. A água nos vasos comunicantes 55
18. A água como fonte de energia e como meio de transporte 58
19. O ciclo da água na natureza 61

O AR

20. A existência do ar e suas propriedades 63
21. A atmosfera 65
22. A pressão atmosférica 69
23. Os ventos 74
24. A composição do ar atmosférico 79
25. A previsão do tempo 83
26. O ar e a nossa saúde 88

ECOLOGIA

27. Os fundamentos da Ecologia 92
28. Como os seres vivos se relacionam no ambiente 97
29. Os desequilíbrios ecológicos 101

ESCOLA

NOME

PROFESSOR

HORA	SEGUNDA	TERÇA	QUARTA	QUINTA	SEXTA	SÁBADO

PROVAS E TRABALHOS

NOÇÕES BÁSICAS DE ASTRONOMIA

1. O Universo e a Terra

Universo: conjunto de tudo quanto existe, incluindo os **astros** e toda a matéria disseminada no espaço.

Astros: **luminosos** (com luz própria) – estrelas, das quais a mais próxima da Terra é o Sol.

iluminados (sem luz própria, refletem a luz que recebem do Sol) – planetas (ex.: Terra), satélites (ex.: Lua), cometas e asteroides.

Galáxia: estrelas, gases e poeira cósmica.

Nebulosas: concentrações de poeira cósmica e gases situadas no interior das galáxias, com aspecto de manchas esbranquiçadas.

O Sol é muito importante porque sua radiação ilumina e aquece a Terra. Sua luz é captada pelas plantas e com ela ocorre a combinação da água (H_2O) com o gás carbônico (CO_2), produzindo glicose e gás oxigênio (O_2). Esse processo é denominado fotossíntese.

O gás oxigênio é utilizado no processo de respiração de muitos seres vivos.

A Lua reflete para a Terra a luz que recebe do Sol.

Constelação: agrupamento de estrelas. Exemplos: Órion, Escorpião, Centauro etc.

Galáxias: grandes concentrações de estrelas, planetas, gases e poeira cósmica. Ex.: **Via Láctea** (onde se encontra o nosso Sistema Solar). No Universo há bilhões de galáxias.

O Sol ilumina e aquece a Terra.

1. Por que, embora não tenha luz própria, em certas noites percebemos a Lua total ou parcialmente iluminada?

2. Onde se situam as nebulosas?

3. Por que a Via Láctea é para nós uma galáxia importante?

4. Por que durante o dia não conseguimos observar no céu as numerosas estrelas que formam as galáxias?

5. Nos parênteses escreva L ou I, conforme o astro seja luminoso ou iluminado.

( ) Terra ( ) Sol
( ) Lua ( ) Planetas
( ) Estrelas ( ) Satélites
( ) Cometas ( ) Asteroides

6. A figura abaixo esquematiza o processo da fotossíntese.

ESQUEMA DA FOTOSSÍNTESE

Luís Moura

2. a água entra na folha

energia luminosa

5. o oxigênio sai da planta

3. o gás carbônico entra na folha

4. a glicose, muito rica em energia, produzida na fotossíntese, vai para outras partes da planta

1. a clorofila, o pigmento que dá a cor verde às plantas, captura energia luminosa

Baseado(a) no esquema acima, responda:

5

a) Que componentes da natureza são utilizados pelas plantas para realizar a fotossíntese?

b) O que a planta produz no processo da fotossíntese?

c) Qual é a importância do oxigênio para os seres vivos?

d) Qual é a importância da glicose e dos outros açúcares para os seres vivos?

7. Resolva as seguintes palavras cruzadas:

HORIZONTAIS

1. Região de concentração de estrelas, planetas, gases e poeira.
2. Astro com luz própria.
3. Agrupamento de estrelas.

VERTICAIS

1. Galáxia onde se situam o Sol e a Terra.
2. Energia emitida pelas estrelas.
3. A estrela mais próxima da Terra.

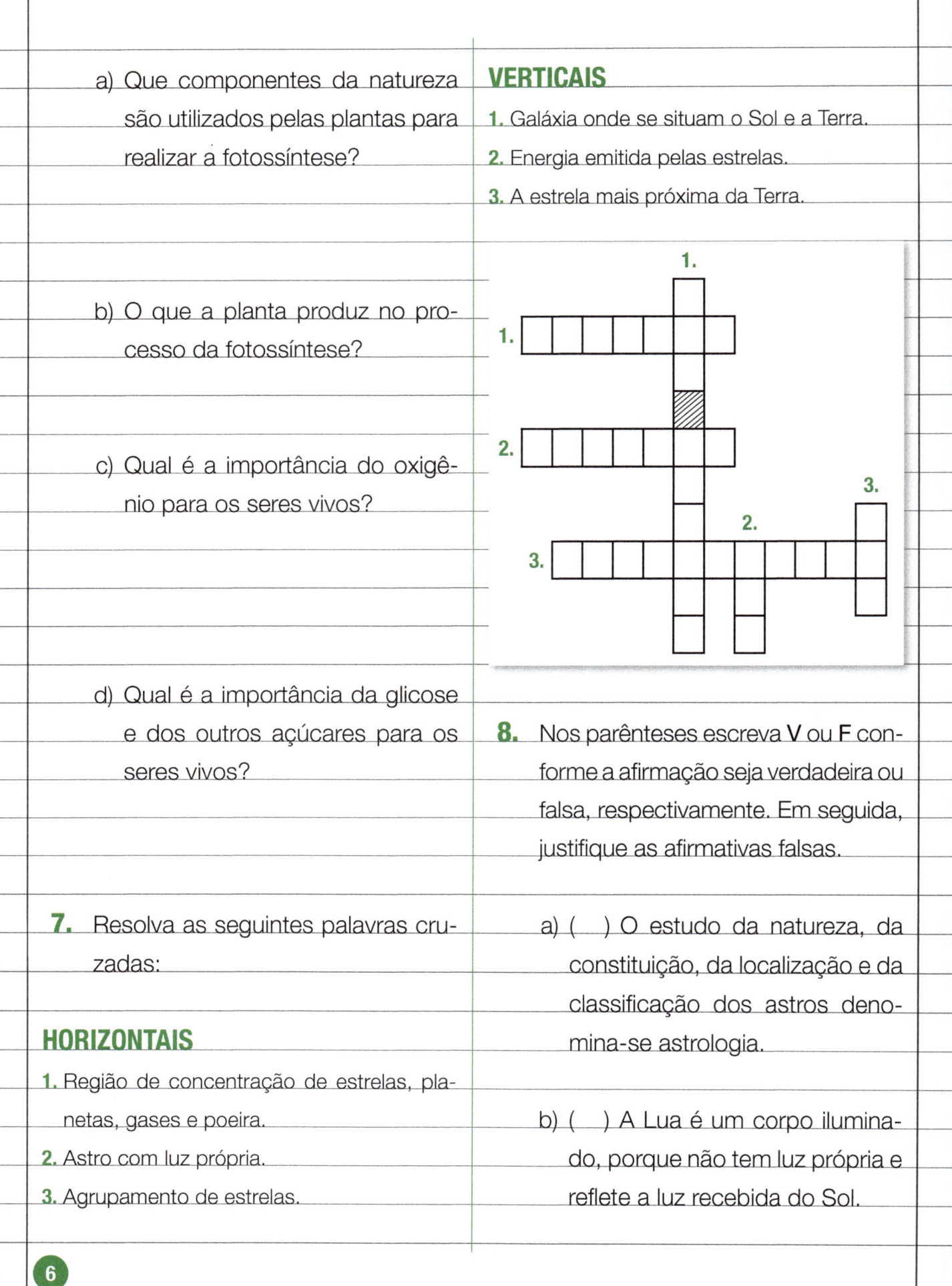

8. Nos parênteses escreva **V** ou **F** conforme a afirmação seja verdadeira ou falsa, respectivamente. Em seguida, justifique as afirmativas falsas.

a) (   ) O estudo da natureza, da constituição, da localização e da classificação dos astros denomina-se astrologia.

b) (   ) A Lua é um corpo iluminado, porque não tem luz própria e reflete a luz recebida do Sol.

c) (   ) A estrela mais próxima da Terra é o Sol.

d) (   ) Nebulosas são grandes concentrações de estrelas, poeira cósmica e gases.

e) (   ) Por serem agrupamentos de estrelas, Centauro, Cruzeiro do Sul, Sagitário, Órion e Andrômeda são considerados constelações.
Justificativa(s):

b) _____ ou _____ é o conjunto de tudo quanto existe.

c) Para as plantas realizarem a fotossíntese são necessários os seguintes fatores: ____, gás carbônico (CO_2) e _____.

d) Constelação é todo agrupamento de _____.

e) Quando possuem luz própria, os astros são chamados _____; iluminados são aqueles que _____.

f) Como produtos da _____, formam-se glicose e oxigênio.

ANOTAÇÕES

9. O que a planta produz na fotossíntese?

10. Complete as frases.
a) Galáxias são concentrações de _____, _____ e _____.

2. O Sistema Solar

Sistema Solar: conjunto de planetas, satélites, cometas, asteroides e outros corpos que se movem em torno do Sol.

A figura abaixo mostra esquematicamente o nosso Sistema Solar, indicando os planetas segundo a sua proximidade em relação ao Sol: Mercúrio, Vênus, Terra, Marte, Júpiter, Saturno, Urano e Netuno.

Mercúrio, Vênus, Terra, Marte, Júpiter, Saturno, Urano e Netuno.

Planetas: rochosos (mais próximos do Sol) – Mercúrio, Vênus, Terra e Marte.
gasosos (mais distantes do Sol) – Júpiter, Saturno, Urano e Netuno.

A Terra

- Distância do Sol (média): 149.600.000 km.
- Diâmetro: 12.756 km.
- Superfície: 70% da superfície coberta de água.
- Movimentos:
  - de rotação (ao redor de si mesma): completa-se a cada 24 horas (determina os dias e as noites);
  - de translação (ao redor do Sol): completa-se em 365 dias e 6 horas.
- Particularidade: o eixo terrestre é inclinado, o que faz variar o ângulo de incidência da luz do Sol e causa as estações do ano.

Estações do ano	Início (hemisfério sul)	Características
Primavera	23 de setembro	Começa quando o dia e a noite têm a mesma duração. Os dias começam a ficar mais longos que as noites.
Verão	21 de dezembro	Começa no dia mais longo do ano. Os dias são mais longos que as noites.
Outono	21 de março	Começa quando o dia e a noite têm a mesma duração. Os dias começam a ficar mais curtos que as noites.
Inverno	21 de junho	Começa no dia mais curto do ano. Os dias são mais curtos que as noites.

Movimento de translação

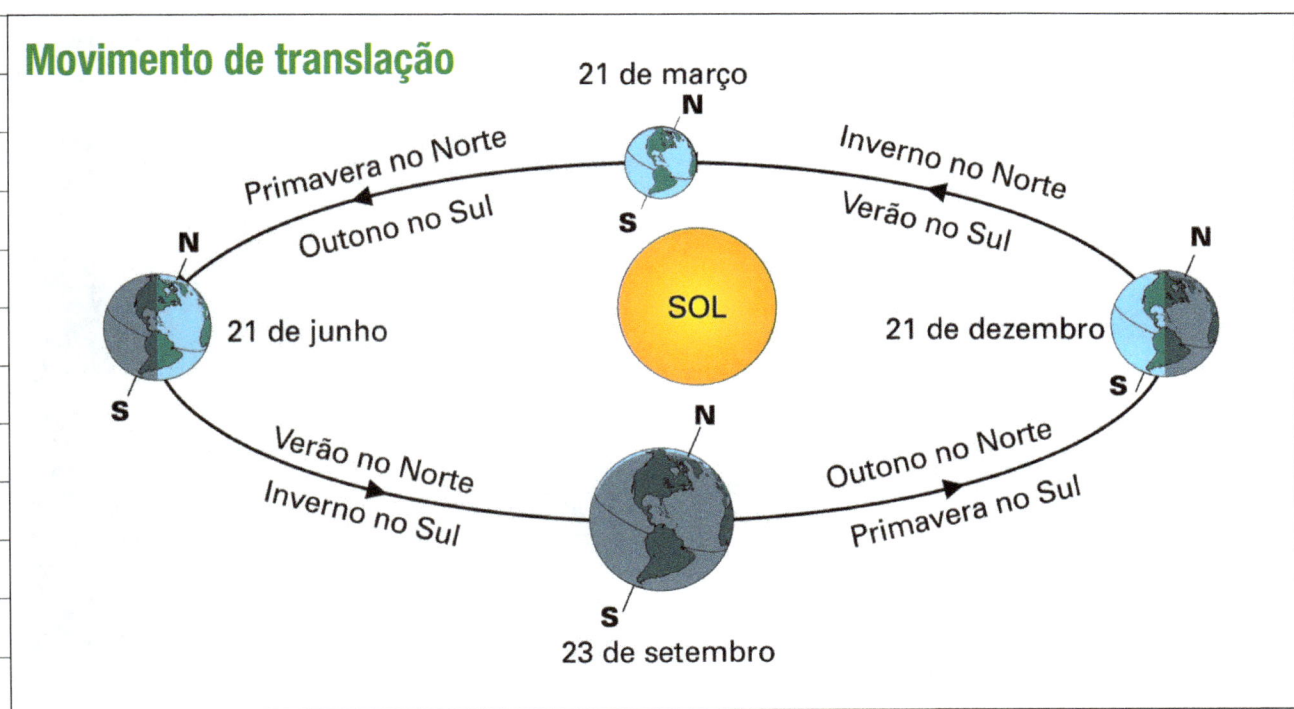

Observe que no dia 21 de junho começa o verão no hemisfério norte enquanto no hemisfério sul começa o inverno.

A Lua

- Tamanho: seu diâmetro corresponde a 1/4 do diâmetro terrestre.
- Movimentos:
  - de rotação (em torno de seu eixo imaginário): 27 dias e 8 horas;
  - de translação (ao redor da Terra, por isso é seu único satélite natural): 27 dias e 8 horas.
- Aspectos: conforme a sua posição em relação ao Sol, a Lua pode apresentar aspectos iluminados diferentes ou não ficar iluminada. São as fases da Lua. Veja os esquemas:

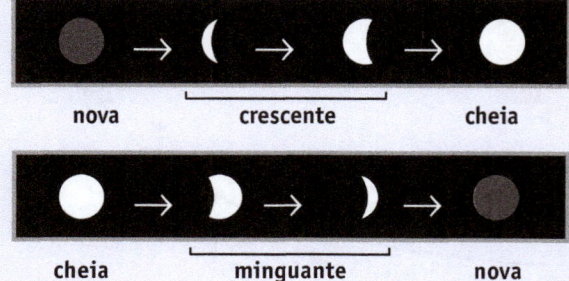

Eclipse: desaparecimento temporário de um astro quando um corpo celeste se interpõe entre ele e o observador.

Eclipse da Lua: ocorre quando a Terra está situada entre a Lua e o Sol.

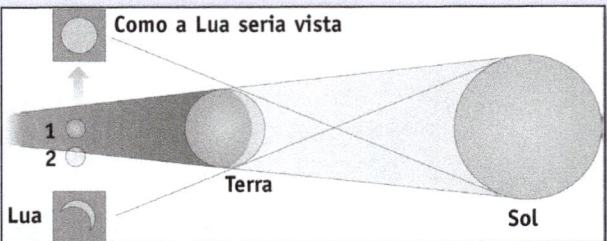

Esquema meramente ilustrativo sem escala.

Eclipse do Sol: ocorre quando a Lua está situada entre a Terra e o Sol. Na figura esquematizada, numa região T da Terra o indivíduo não veria o Sol. Na região P ele veria o eclipse parcial do Sol.

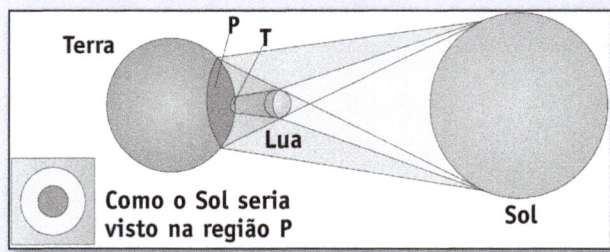

Esquema meramente ilustrativo sem escala.

Observação: não se deve olhar diretamente para um eclipse do Sol.

Eclipse do Sol.

1. O que o movimento de rotação da Terra determina?

2. O que a inclinação do eixo da Terra durante sua translação causa?

3. Por que a Lua é considerada satélite natural da Terra?

4. Qual é a ordem dos planetas quanto à distância em relação ao Sol?

5. Classifique os planetas em:

Rochosos	Gasosos

6. A Lua é um astro luminoso ou iluminado? Justifique sua resposta.

7. Quais são os movimentos realizados pela Lua? Qual é sua duração?

8. Em que fase a Lua não é iluminada pelo Sol?

9. Qual é a duração de cada estação do ano?

10. Quando ocorre o eclipse da Lua?

11. Quando ocorre o eclipse do Sol?

12. Responda:
a) No hemisfério sul, quando o dia e a noite têm a mesma duração?

b) E no hemisfério norte?

13. Considere a figura seguinte e assinale a alternativa correta.

A figura mostra o eclipse:

( ) da Terra

( ) do Sol

( ) da Lua

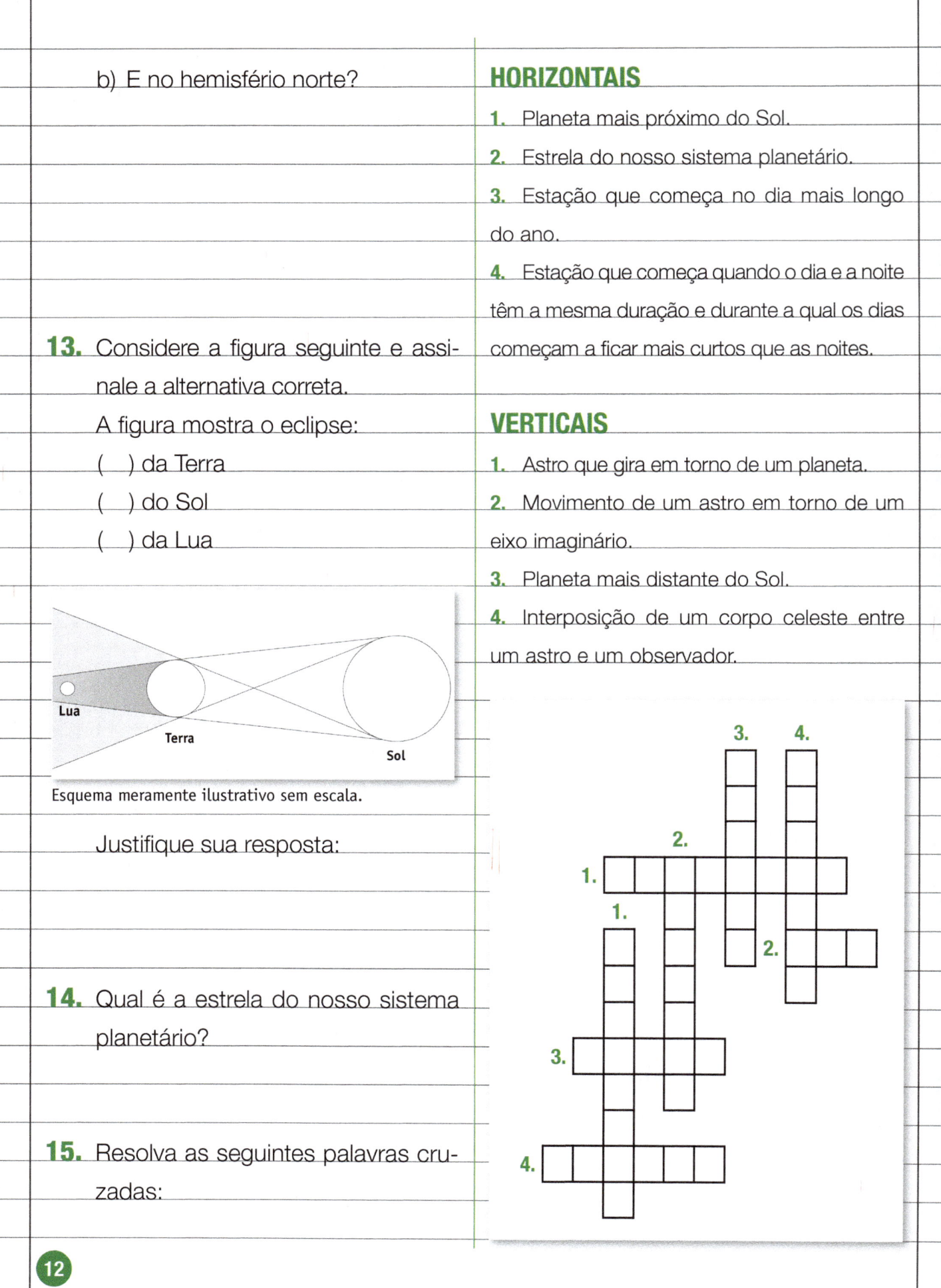

Esquema meramente ilustrativo sem escala.

Justifique sua resposta:

14. Qual é a estrela do nosso sistema planetário?

15. Resolva as seguintes palavras cruzadas:

HORIZONTAIS

1. Planeta mais próximo do Sol.

2. Estrela do nosso sistema planetário.

3. Estação que começa no dia mais longo do ano.

4. Estação que começa quando o dia e a noite têm a mesma duração e durante a qual os dias começam a ficar mais curtos que as noites.

VERTICAIS

1. Astro que gira em torno de um planeta.

2. Movimento de um astro em torno de um eixo imaginário.

3. Planeta mais distante do Sol.

4. Interposição de um corpo celeste entre um astro e um observador.

 O SOLO

3. A estrutura da Terra – rochas

A estrutura da Terra pode ser representada de duas maneiras: baseada nas ondas de terremotos e baseada na composição das rochas.

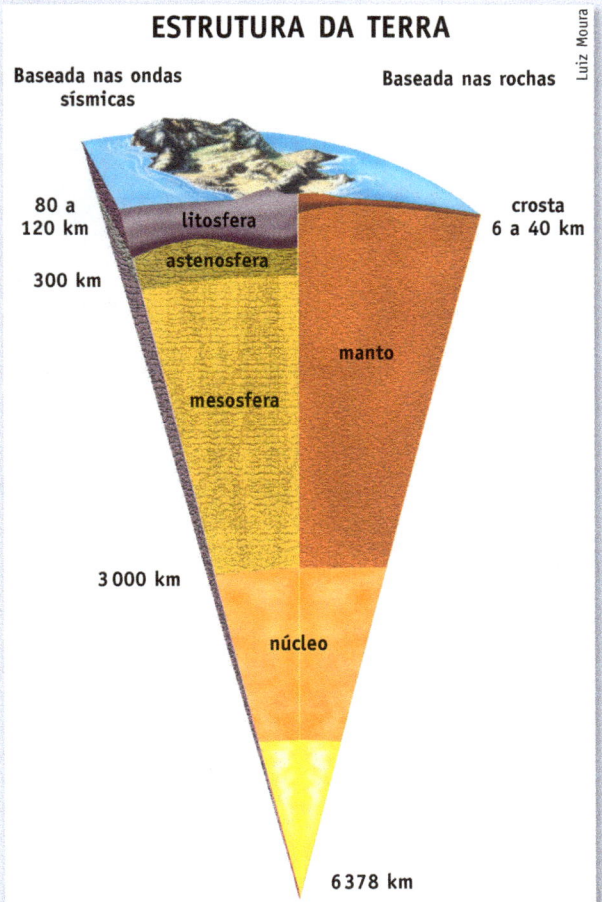

ESTRUTURA DA TERRA

Baseada nas ondas sísmicas — Baseada nas rochas
80 a 120 km — litosfera — crosta 6 a 40 km
300 km — astenosfera
mesosfera — manto
3 000 km
núcleo
6 378 km

Magma: material quente e pastoso formador do manto.

Crosta terrestre: camada sólida onde se forma o solo.

Litosfera: camada sólida subdividida em placas tectônicas sobre as quais estão assentados os continentes.

Astenosfera: camada pastosa sobre a qual flutuam as placas tectônicas.

Movimentos das placas tectônicas: provocam abalos sísmicos, tremores de terra, vulcanismos etc.

Rochas: agregados de um ou mais minerais. Podem ser:

I. magmáticas ou ígneas: formadas a partir da solidificação do magma. Em geral, têm coloração escura. Exemplos: granito, basalto, pedras-pomes;

II. sedimentares: formadas a partir da erosão lenta sofrida por outras rochas devido à ação da chuva, do vento, das ondas do mar etc. Exemplos: arenito, argila, calcário, carvão de pedra;

III. metamórficas: originadas a partir da transformação de outros tipos de rochas que passaram por grandes mudanças nas condições de temperatura e pressão. Exemplos: gnaisse, quartzito, pedra-sabão, mármore.

Fenda no solo mostrando as rochas.

Utilidade das rochas:

I. granito: guias de calçadas, pavimentos, estátuas, concreto;

II. basalto: calçadões. Forma a terra roxa;
III. pedra-pomes: limpeza e amaciamento da pele;
IV. argila: telhas, potes, moringas, cerâmicas, louças;
V. mármore: pias, lavatórios, pisos, escadas, estátuas;
VI. calcário: calçadões, cal, agricultura, fabricação de cimento.

Argila utilizada na produção de cerâmica.

1. Qual é a causa dos tremores de Terra?

2. Qual é a origem das rochas ígneas ou magmáticas?

3. Como se classificam as rochas?

4. Nos parênteses escreva I, S ou M, conforme a rocha seja ígnea (ou magmática), sedimentar ou metamórfica, respectivamente.

a) ( ) argila
b) ( ) basalto
c) ( ) granito
d) ( ) gnaisse
e) ( ) pedra-pomes
f) ( ) calcário
g) ( ) mármore
h) ( ) arenito

5. Associe corretamente a coluna superior com a coluna inferior.

(a) granito
(b) basalto
(c) argila
(d) mármore
(e) calcário
(f) pedra-pomes

( ) telhas e cerâmicas
( ) cal
( ) limpeza e amaciamento da pele
( ) pias e estátuas
( ) calçadões
( ) calçadas e concreto

6. Quando o magma é extravasado, parte dele retém bolhas de gases quando resfria e se solidifica, assumindo um aspecto poroso e constituindo a pedra-pomes.

a) Por que essa rocha é leve?

b) Qual é a sua utilidade?

7. Tanto o granito quanto o gnaisse são constituídos pelos mesmos minerais: quartzo (cristal de rocha), feldspato e mica. No entanto, elas não são classificadas da mesma forma. Escreva a que grupo de rochas cada uma delas pertence.

8. Sublinhe o que for nome de rocha.

> ferro – basalto – granito
> gelo – arenito – calcário
> alumínio – mármore

9. Marque **certo** ou **errado**.

a) O basalto é uma rocha escura, usada em forma de pedrinhas para fazer contraste com o calcário nos calçadões.
( ) certo   ( ) errado

b) A pedra-pomes é uma rocha leve e porosa, empregada na limpeza e no amaciamento da pele.
( ) certo   ( ) errado

c) Sedimentares são rochas que se originam da erosão de outras rochas.
( ) certo   ( ) errado

d) O gnaisse provém do granito por metamorfismo.
( ) certo   ( ) errado

10. Escreva o nome de três tipos de rochas que, em geral, são utilizadas em construção de casas.

11. Resolva as seguintes palavras cruzadas:

HORIZONTAIS

1. Lugar por onde andamos que é revestido por fragmentos de calcário e basalto.

2. Rocha metamórfica utilizada em pias e lavatórios.

3. Um dos minerais componentes do granito e do gnaisse.

4. Tipo de rocha ao qual pertencem o arenito, a argila e o calcário.

VERTICAIS

1. Exemplo de rocha sedimentar usada em cerâmica.

2. Camada da Terra que fica abaixo da crosta.

3. Rochas às quais pertencem o granito, o basalto e a pedra-pomes.

4. Peças feitas de argila e usadas na cobertura das casas.

4. A origem e a composição do solo

Solo: camada superficial da crosta terrestre na qual se desenvolve a vegetação. Origina-se da fragmentação da rocha-matriz pela ação do calor, do frio, da água das chuvas etc. Possui 40 a 50 centímetros de espessura.

O solo do deserto é rico em areia.

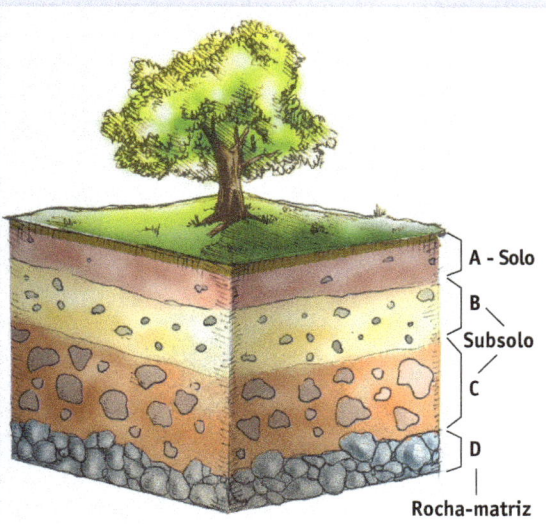

Corte vertical do solo até a rocha.

O solo onde crescem cogumelos é rico em húmus.

O SOLO AGRÍCOLA E SUAS PROPRIEDADES

Componentes	Proporções
Areia	60%
Argila	25%
Húmus	10%
Calcário	5%

Areia: permeável, facilita o fluxo de água para as camadas mais inferiores.

Argila: pouco permeável à água, permite que esta seja aproveitada aos poucos.

Húmus: restos de animais e vegetais apodrecidos, decompostos, que produzem substâncias ácidas e nutrientes minerais.

Calcário: evita o excesso de acidez no solo.

1. Dos componentes do solo, qual é o mais permeável à água? E o menos permeável?

2. Por que nos solos barrentos a água se acumula, formando poças?

3. Complete o quadro abaixo com os componentes do solo agrícola e as respectivas porcentagens.

Componente	Porcentagem
húmus	
	60%
argila	
	5%

4. Complete as seguintes frases.

a) _____ é a camada superficial da crosta terrestre na qual se desenvolve a vegetação.

b) O calcário e a _____ são componentes do solo permeáveis à água, enquanto a _____ é praticamente impermeável.

c) Da decomposição de restos de vegetais e animais origina-se o _____, que fertiliza o solo.

d) As rochas, sob a ação do _____, do frio e da _____ das chuvas, fragmentam-se, originando as partículas do _____.

5. O preparo e a preservação do solo

A agricultura é uma importante atividade humana que utiliza o solo para o cultivo de variedades vegetais.

O cultivo de terras é também chamado de lavoura.

REGRAS BÁSICAS PARA MANTER O SOLO APROVEITÁVEL

1ª) **Aragem:** para deixar o solo fofo. Com o emprego de enxadas, pás ou rastelos (ancinhos), arado ou tratores, o solo é afofado, permitindo que água e ar entrem ali com mais facilidade.

2ª) **Irrigação:** processo artificial de aguar o solo com mangueiras, o bombeamento da água ou a construção de açudes.

Solo sendo arado.

3ª) **Drenagem:** retirada do excesso de água (com bombas aspiradoras de água, abertura de valetas ou aterramento do solo).

4ª) **Adubação:** para evitar o esgotamento de certos componentes químicos do solo, sobretudo do **nitrogênio** (principal componente das proteínas), do fósforo (para as atividades energéticas) e do potássio (para aumentar a resistência das plantas às doenças).

Os adubos podem ser:
- **químicos**, em geral, preparados com esses principais minerais.
- **orgânicos**, preparados a partir de restos de plantas, cascas de ovos, farinha, ossos e outros restos animais.

O solo adubado é importante para o plantio.

5ª) **Calagem**: aplicação de calcário para diminuir a acidez do solo, facilitando a absorção dos nutrientes minerais pelas plantas.

6ª) **Rotação de culturas**: alternância do tipo de cultura para evitar o esgotamento do solo.

1. Por que o solo para o plantio não pode apresentar-se compacto e endurecido?

2. Qual é a finalidade da aragem? Como ela é feita?

3. O que é irrigação? Como pode ser feita?

4. Com o decorrer do tempo, os vegetais vão utilizando os nutrientes do solo, tendendo a esgotá-los. O que se deve fazer para que isso não aconteça?

5. Explique como é feito esse processo.

6. Que elementos químicos contêm os adubos minerais complexos? Qual é a sua importância?

7. Qual é a composição do adubo orgânico?

8. A figura abaixo mostra o ciclo dos minerais que adubam o solo. Observe a figura e explique como os minerais se formam.

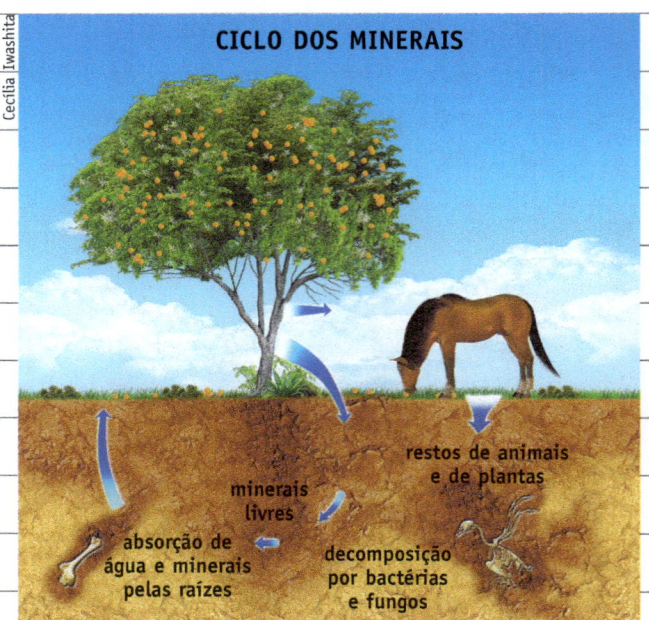

9. Qual é a parte da planta responsável pela absorção dos nutrientes?

10. De que maneira os nutrientes do solo chegam às folhas dos vegetais?

11. Em que parte das plantas os nutrientes minerais do solo são transformados em nutrientes orgânicos?

12. O que você entende por rotação de culturas?

13. Qual é a consequência do excesso de acidez num solo? Que providência você tomaria se soubesse que o solo de sua horta ou de seu pomar apresenta esse problema? Explique.

14. Suponha que você não tenha um vaso de barro para um plantio e vá usar, no lugar, uma lata. Que providências você tomaria em relação à lata antes do plantio? Por quê?

15. Que tipo de solo forma muito barro: argiloso, arenoso ou rico em húmus?

16. Resolva as seguintes palavras cruzadas:

HORIZONTAIS

1. Desenvolvimento do embrião das sementes.

2. Processo usado para deixar o solo fofo.

3. Relação entre a prática agrícola e a indústria que cria gado.

4. Processo de reposição dos elementos minerais retirados do solo pelas plantas.

5. Retirada do excesso de água do solo.

VERTICAIS

1. Cultivo de terras.

2. Represa; dique.

3. Processo artificial de aguar o solo.

4. Maciço.

5. Principal componente das proteínas.

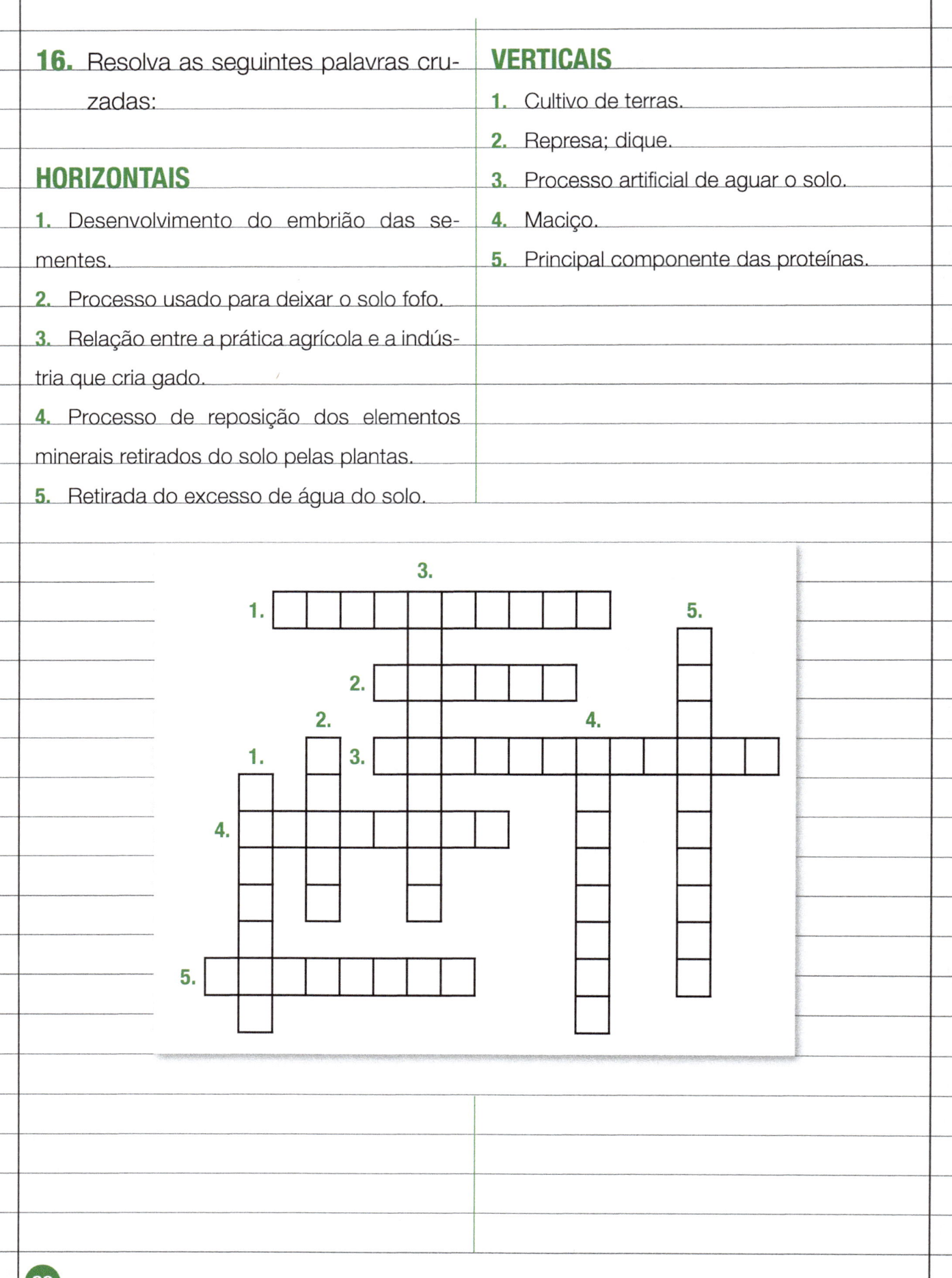

6. Combatendo a erosão do solo

Erosão: remoção do solo provocado pelas chuvas (erosão pluvial), pela água dos rios (erosão fluvial), por ação de geleiras (erosão glacial), por ação da água dos mares (erosão marinha), por ação dos ventos (erosão eólica).

PROTEÇÃO DE SOLOS INCLINADOS CONTRA A EROSÃO PLUVIAL

a) **Curvas de nível**: plantio em sulcos.

b) **Terraceamento**: plantio em degraus.

c) **Faixas de retenção**: plantação de mudas próximas umas das outras.

CONSEQUÊNCIAS DA EROSÃO

a) **Eólica**: formação de dunas.
b) **Marítima (abrasão)**: desgaste de pontas de terra, podendo originar ilhas; forma o contorno do litoral.
c) **Fluvial**: mudança do curso dos rios e assoreamento, quando parte do solo das margens se acumula no fundo dos rios.

As ondas batem nas rochas e formam o contorno do litoral.

ATIVIDADE HUMANA E A EROSÃO DO SOLO:

A vegetação protege o solo da ação das chuvas, por exemplo.

Desmata-se sem planejamento para:
- industrialização da madeira;
- construção de estradas;
- abertura de campos de pastagens e lavouras;
- construção de moradias.

1. O que você entende por erosão do solo?

2. Quais agentes da natureza podem provocar a erosão do solo?

3. De que forma o ser humano contribui para a erosão do solo?

4. Por que as pessoas que constroem moradias nas encostas das montanhas correm risco de vida na época das chuvas?

5. O que a erosão fluvial pode causar?

6. Se você tivesse um terreno inclinado para uma lavoura, que providências tomaria para evitar a erosão do terreno? Por quê?

7. Quando o vento sopra numa mesma direção e sentido num solo arenoso, qual é a consequência disso?

8. O que é abrasão? Qual é a sua consequência?

9. A vegetação situada nas margens dos rios é formada de mata ciliar. Explique por que a mata ciliar deve ser protegida.

10. Marque **certo** ou **errado** e justifique as afirmativas erradas.

a) Quando se cortam as encostas dos morros, deve-se plantar vegetais com raízes que se ramificam intensamente.
( ) certo ( ) errado

b) Em terrenos planos, para evitar a erosão deve-se fazer plantios em curvas de nível.
( ) certo ( ) errado

c) As faixas de retenção devem ser feitas em terrenos inclinados entre culturas em que os pés ficam distantes uns dos outros.
( ) certo ( ) errado

d) A erosão glacial é muito frequente no Brasil.
( ) certo ( ) errado
Justificativa(s):

11. Observe a figura.

O que formou as reentrâncias e as saliências desse trecho do litoral?

12. Resolva as seguintes palavras cruzadas:

HORIZONTAIS

1. Erosão provocada por ação de geleiras.
2. Um tipo de rocha sedimentar que compõe o solo.
3. Erosão provocada pela chuva.
4. Erosão marinha.
5. Plantio em degraus em terrenos muito inclinados.
6. Acúmulo de areia transportada pelo vento.

VERTICAIS

1. Erosão provocada pelos rios.
2. Fragmento de rocha sedimentar.
3. Rochas originadas pela consolidação do magma.
4. Componente impermeável dos solos.
5. Erosão provocada pelo vento.
6. Material originado da decomposição de restos de vegetais e de animais mortos.

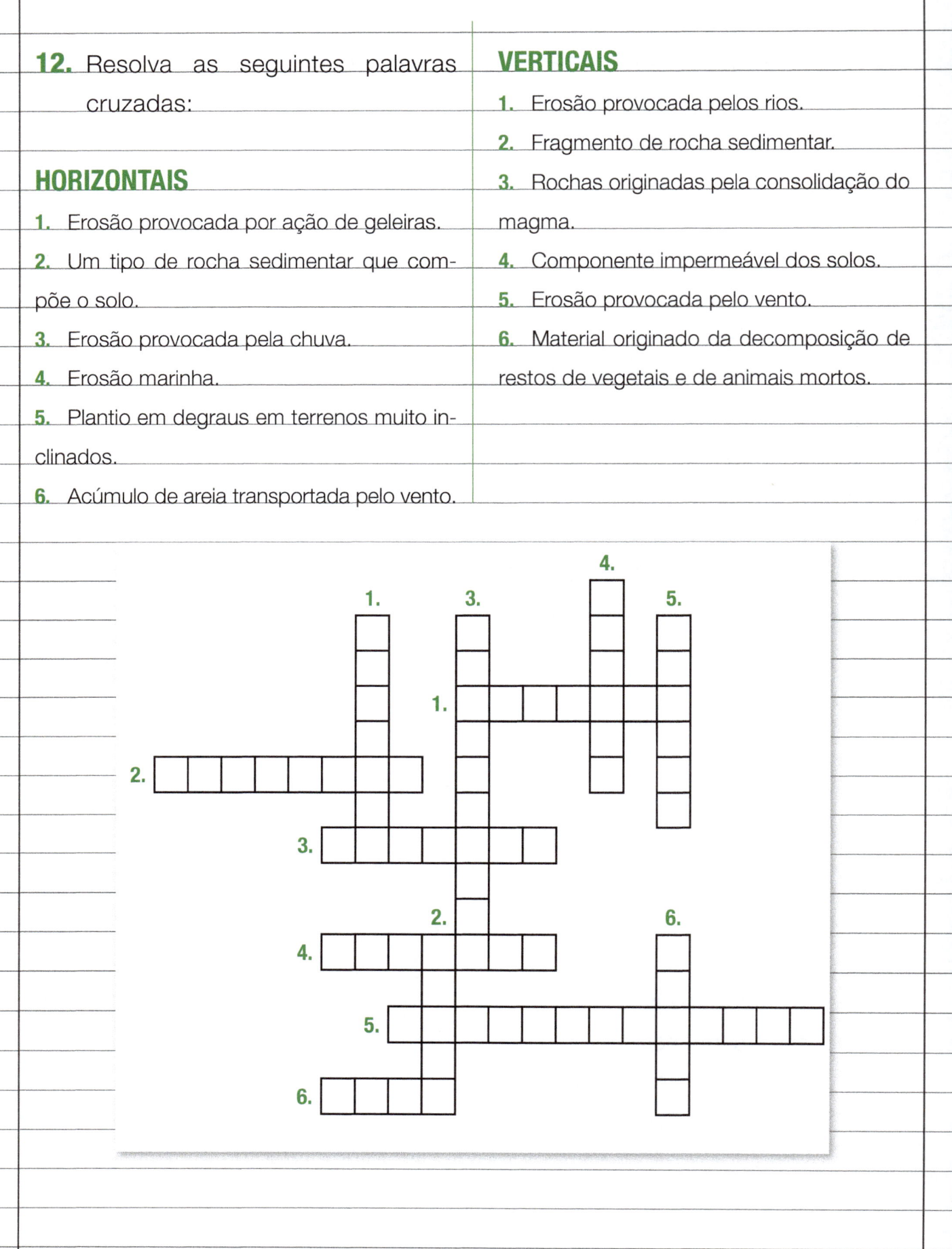

7. O solo e a nossa saúde

Saneamento básico é um conjunto de ações adotadas em determinada região para que esta seja um ambiente saudável para seus habitantes.

Saneamento básico: tratamento e distribuição de água, rede e tratamento de esgoto e coleta periódica de lixo.

O tratamento da água elimina bactérias e outros microrganismos, além da sujeira. A água potável é limpa, sem cheiro, sabor ou cor. Veja como é feito o tratamento da água.

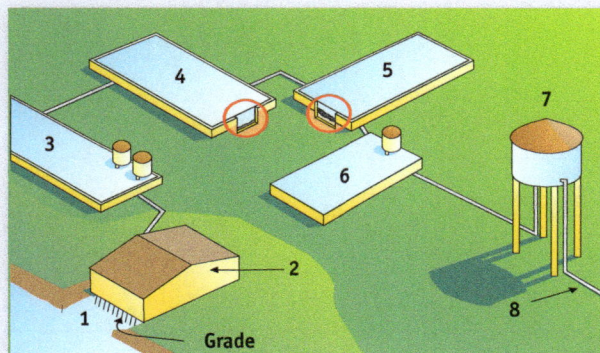

1. Entrada de água da represa.
2. Bombeamento da água e filtragem em grades.
3. Tanque de aplicação de sulfato de alumínio e cal.
4. Tanque de decantação.
5. Filtro de areia e cascalho.
6. Tanque de aplicação de flúor e cloro.
7. Reservatório.
8. Rede de distribuição.

No lixo pode-se encontrar: restos de alimentos e outros restos orgânicos, como animais mortos, e neles se proliferam muitos micróbios; fezes, que, além de micróbios, podem ter ovos e larvas de parasitas; produtos químicos tóxicos, material hospitalar; materiais de papel, de plástico, de vidro e de metais já utilizados.

Como tratar o lixo:
- aterro sanitário;
- coleta seletiva;
- incineração.

A falta de saneamento básico pode causar doenças transmitidas pela água e pelo solo contaminados.

PRINCIPAIS DOENÇAS TRANSMITIDAS PELO SOLO:

I. **Tétano**: causado por uma espécie de bactéria que vive no solo e penetra em nosso corpo através de ferimentos da pele;

II. **Ascaridíase**: causada pelo verme "lombriga", é transmitida ao ser humano por meio de água ou alimentos crus contendo ovos do verme;

III. **Ancilostomose** (amarelão): causada pelos vermes ancilóstomo e necátor, que penetram através da pele dos pés na forma de larva;

IV. **Teníase**: causada pelo verme "solitária", que pode ser encontrado na carne de bois e porcos na forma de larva (cisticerco). O ser humano é contaminado ao ingerir a carne malcozida desses animais.

1. Preencha os quadros com as medidas adotadas para o saneamento básico das cidades.

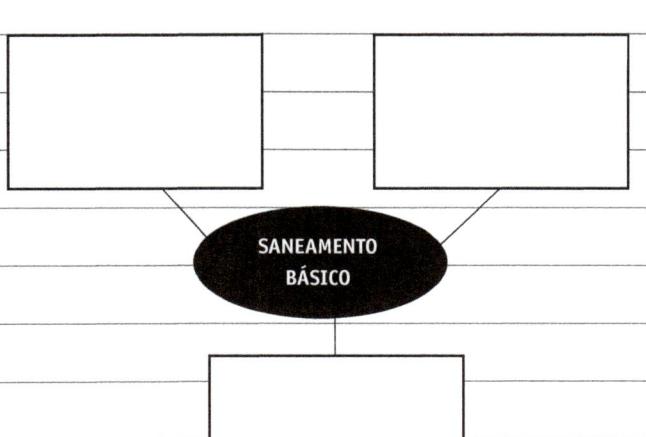

2. Por que o lixo é prejudicial à saúde?

3. O que se deve fazer com o lixo antes de colocá-lo para a coleta?

4. Onde o lixo é colocado após a coleta?

5. Observe a foto.

A imagem mostra uma forma correta de tratar o lixo? Por quê?

6. Que tipo de lixo deve ser incinerado?

7. Qual é a importância da coleta seletiva de lixo?

8. No caso de sofrer um ferimento com algum objeto suspeito, o que se deve fazer para evitar o tétano?

9. A ascaridíase é adquirida quando comemos alimentos ou bebemos água contaminados com ovos de um verme: o áscaris.
O que fazer para evitar a propagação da ascaridíase?

10. A ancilostomose é adquirida quando andamos descalços em locais onde pessoas com a doença defecam no chão. Como eliminar essa doença do ambiente?

11. Como se adquire a teníase?

12. Como se pode evitar a propagação da teníase?

13. Associe corretamente a coluna da esquerda com a da direita.

(a) incineração ( ) carnes de porco e de boi
(b) reciclagem ( ) lombrigas
(c) teníase ( ) andar descalço
(d) vacina tríplice ( ) material hospitalar
(e) ascaridíase ( ) tratamento de água, rede de esgoto e coleta de lixo
(f) amarelão ( ) tétano
(g) saneamento básico ( ) papéis, garrafas, plásticos e metais usados

14. Complete as lacunas das frases abaixo.

a) Além de constituir uma medida de educação e higiene, a coleta _____ de lixo é também uma medida econômica, pois materiais como os plásticos, as garrafas, os jornais e os metais podem ser _____, isto é, reaproveitados por indústrias de artefatos de _____, de _____, de papelão e pelas indústrias siderúrgicas.

b) Não se deve comer carne _____, pois podemos adquirir a _____.

c) O personagem Jeca-Tatu, criado pelo escritor Monteiro Lobato, sofria de _____, porque costumava andar descalço.

d) O saneamento básico constitui uma série de medidas que compreendem o _____, a _____ e a _____.

15. Explique resumidamente como é feito o processo de tratamento da água.

8. O subsolo brasileiro

O subsolo brasileiro apresenta uma grande riqueza em minerais como metais, pedras preciosas, petróleo etc.

Jazidas: locais onde se acumularam substâncias minerais (**minérios** dos quais se extraem os metais e as **pedras preciosas**) ou orgânicas (**petróleo** e **carvão de pedra**) que podem ser exploradas economicamente.

JAZIDAS MINERAIS:

a) de **alumínio** (extraído do minério bauxita). As latas de refrigerante são feitas de alumínio;

b) de **cobre**, com o qual se fabricam ligas como o latão (cobre + zinco) e o bronze (cobre + estanho). Os fios elétricos são feitos principalmente de cobre;

c) de **chumbo** (extraído do minério galena). É usado como avental de proteção contra raio x, por exemplo;

d) de **ferro** (extraído do minério hematita), que com o carbono forma o aço. Muito utilizado na indústria automobilística;

e) de **ouro**, em rochas, em veios, em leitos de rios e na lama;

f) de pedras preciosas, como o **rubi**, a **esmeralda** e o **diamante** (utilizado para cortar vidro e mármore; depois de lapidado, constitui o brilhante).

Os trilhos são de ferro.

JAZIDAS ORGÂNICAS:

a) **carvão de pedra** (hulha): quando queimado em usinas siderúrgicas, fornece calor suficiente para derreter minérios;

b) **petróleo:** acumulado em rochas sedimentares e porosas, constituído por uma mistura de substâncias. Produz gases naturais (metano), GLP (gás liquefeito de petróleo utilizado nos fogões), éter, benzina, gasolina, querosene, óleos combustíveis e lubrificantes, parafina, vaselina, piche.

Jazida de cobre.

1. Muitos dos minerais são encontrados em jazidas de grandes proporções. O que se encontra nas jazidas minerais? E nas jazidas orgânicas?

2. Onde é empregado o carvão de pedra? Explique.

3. O que se obtém da destilação nas refinarias de petróleo?

4. Associe corretamente a coluna da esquerda com a coluna da direita.

(a) aço   ( ) cobre + estanho
(b) alumínio   ( ) hematita
(c) ferro   ( ) cobre + zinco
(d) latão   ( ) bauxita
(e) bronze   ( ) ferro + carbono
(f) galena   ( ) chumbo

5. Cite os nomes de algumas pedras preciosas e seu respectivo emprego.

6. As pedras preciosas são rochas. Do que elas são feitas?

Brilhante.

7. Qual é a diferença entre diamante e brilhante?

8. O que são jazidas?

9. O Brasil é um dos países que mais recicla o alumínio, e a coleta seletiva de latinhas desse material emprega muitas pessoas. Por que a reciclagem do alumínio é importante?

ANOTAÇÕES

 **A ÁGUA**

9. As mudanças de estado físico da água

Características dos estados físicos da água:

Estado físico	Volume	Forma
sólido	constante	constante
líquido	constante	variável
gasoso	variável	variável

A água existe em três estados físicos:
- sólido;
- líquido;
- gasoso.

O que determina esses três estados físicos é o grau de proximidade ou de afastamento das moléculas da água.

A mudança de um estado físico para outro depende, portanto, de temperatura e pressão.

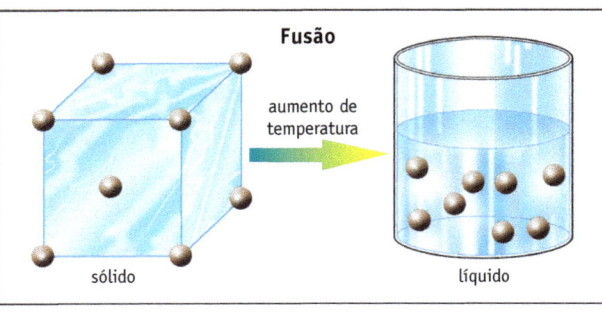

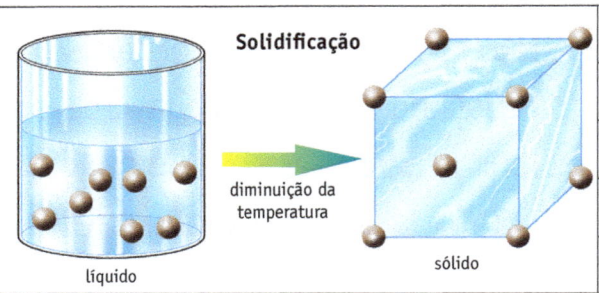

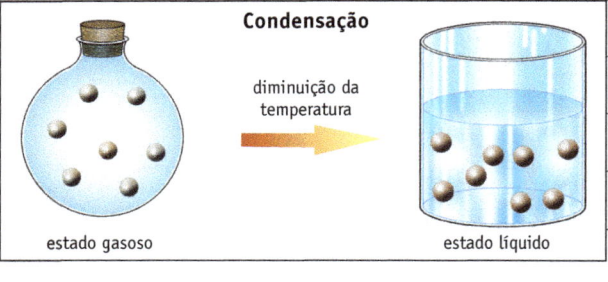

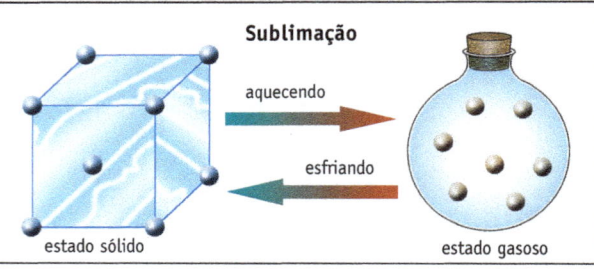

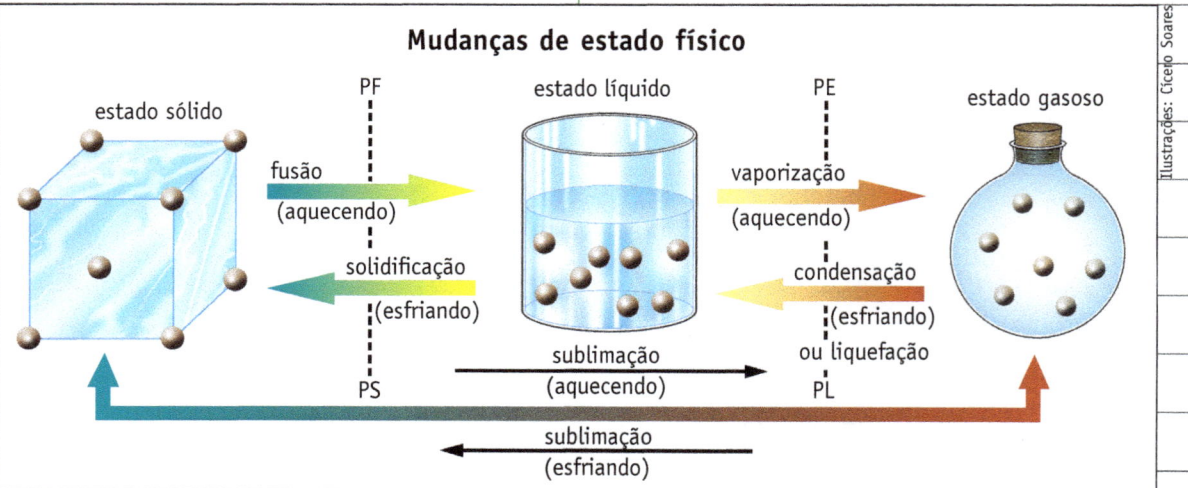

> **Lembre que:**
>
> - A fusão ocorre a 0 °C (ponto de fusão) no nível do mar.
> - Durante a fusão, a temperatura permanece constante.
> - Tipos de vaporização:
>   - evaporação: lenta à temperatura ambiente (ex.: roupa secando no varal);
>   - ebulição: rápida com a formação de bolhas gasosas (ex.: água fervendo na panela).
> - A ebulição ocorre a 100 °C (ponto de ebulição) no nível do mar.
> - Durante a ebulição, a temperatura permanece constante.

1. Onde a água é encontrada na Terra?

2. Qual é a importância da água?

3. Em que estados físicos a água pode ser encontrada?

4. O que determina cada um dos estados físicos da água?

5. O que caracteriza os três estados físicos da água? Explique.

6. Quais fatores determinam as mudanças de estado físico da água?

7. Preencha os quadrinhos com os nomes dos processos para as mudanças de estado físico.

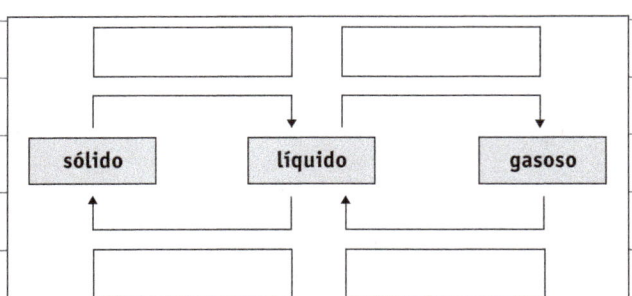

8. O que é ponto de solidificação da água? Em que condições ocorre?

9. Colocando um pedaço de gelo num copo, ele entra em fusão. Quando começa a se formar água líquida, qual é a temperatura do gelo? E a temperatura da água? E quando não houver mais gelo, o que acontece com a temperatura da água?

10. Em que a evaporação difere da ebulição da água?

A água da roupa evapora.

11. O que é ponto de ebulição da água? Em que condições ocorre?

12. Por que a água no alto do Pão de Açúcar, no Rio de Janeiro, entra em ebulição a uma temperatura inferior a 100 °C?

13. Dê exemplos de água em estado sólido.

14. Associe corretamente a coluna da esquerda com a coluna da direita.

(a) fusão   ( ) água congelando
(b) solidificação   ( ) louça secando no escorredor
(c) ebulição   ( ) sorvete derretendo
(d) condensação   ( ) água fervendo
(e) evaporação   ( ) formação de gotículas a partir de vapor de água, como a formação de nuvens

10. Como a água é encontrada na natureza

I. **Água potável:** cristalina, incolor e sem cheiro; contém pequeníssimas proporções de sais minerais e ar; apropriada para beber, utilizada para cozinhar, na higiene, lavagem de roupas, irrigação do solo; encontrada em fontes, rios e poços artesianos. Dissolve a maioria das substâncias.

II. **Água salgada:** contém grande quantidade de sais minerais dissolvidos, principalmente o cloreto de sódio; encontrada nos mares e nos oceanos.

III. **Águas minerais:**
   a) ferruginosas - contêm sais de ferro; combatem a anemia;
   b) sulfurosas - contêm sais de enxofre; para o tratamento de doenças da pele;
   c) aciduladas - contêm sais minerais e gás carbônico; facilitam a digestão;
   d) alcalinas - contêm bicarbonato de sódio; combatem o excesso de acidez do estômago;
   e) magnesianas - contêm sais de magnésio; normalizam as funções do estômago e do intestino.

IV. **Águas termais:** com temperatura superior à água do ambiente; para o tratamento de doenças da pele, dos nervos e dos ossos.

Água produzida em laboratório

Água destilada: água pura, incolor, inodora e insípida, isenta de sais minerais; utilizada em laboratório e nas baterias de veículos automotores.

Processo de destilação da água – (1) a água ferve, transformando-se em vapor, (2) as gotículas se condensam no tubo refrigerado, (3) e ao voltar ao estado líquido escorre para o último frasco. Os sais minerais não vaporizam, e ficam dentro do frasco que a água foi fervida (chamado balão de destilação).

1. Por que a água é considerada o solvente universal?

2. Quais são as características da água potável? Onde ela pode ser encontrada?

3. Qual é a utilidade da água potável?

4. Por que não é recomendável tomar muita água do mar?

5. Associe corretamente a coluna da esquerda com a coluna da direita.

(a) ferruginosas   ( ) combatem o excesso de acidez do estômago

(b) sulfurosas   ( ) facilitam a digestão

(c) aciduladas   ( ) normalizam as funções do estômago e do intestino

(d) alcalinas   ( ) combatem a anemia

(e) magnesianas   ( ) tratamento das doenças da pele

6. Rafael está com azia (excesso de acidez no estômago). Foi aconselhado a tomar água mineral para sentir-se melhor. Que tipo de água ele deverá tomar?

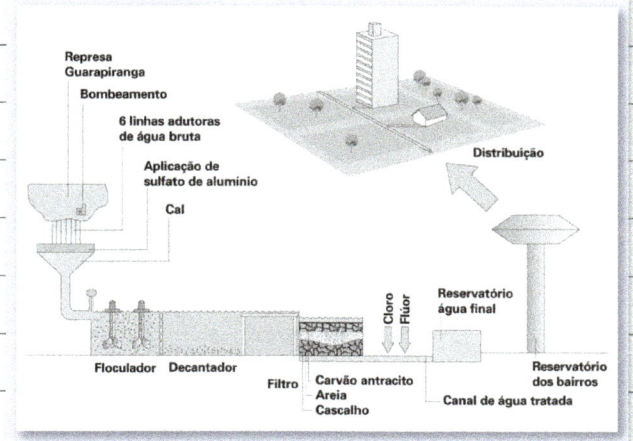

Fonte: Superintendência de Comunicação da Sabesp

A água tratada que chega às casas deve ser filtrada em filtro com vela de porcelana. Essa filtragem elimina as impurezas que a água recebe ao passar pelos canos.

11. Purificando a água

Decantação: separação de partículas grosseiras presentes na água, que se depositam no fundo do recipiente que a contém.

Filtração: retenção de partículas mais "finas", contidas na água, em materiais porosos (filtros de areia, de vela de porcelana, de papel etc.).

Tratamento da água de rios: feito em Estações de Tratamento de Água. Consiste no seguinte:
a) bombeamento da água represada, proveniente de rios;
b) adição de produtos químicos (sulfato de alumínio e cal) para neutralizar a água e agrupar as partículas de sujeira;
c) floculação: agitação da água que provoca a formação de flocos de sujeira;
d) decantação;
e) filtração;
f) adição de cloro (bactericida) e flúor (previne a cárie dentária).

Água tratada e filtrada.

1. O que você entende por decantação?

2. A água decantada já ficou pura? Explique.

3. A figura abaixo representa esquematicamente uma estação de tratamento de água. Escreva nas linhas as legendas que indicam as fases do processo e numere-as de acordo com a ordem em que elas se realizam.

4. Que problemas podem ocorrer a uma população que não recebe água tratada?

5. Associe corretamente a coluna da esquerda com a coluna da direita.

(a) bombeamento   ( ) depósito de partículas no fundo do tanque

(b) floculação   ( ) carvão + areia + cascalho

(c) decantação   ( ) captação de água dos rios

(d) filtragem   ( ) sulfato de alumínio + cal hidratada

(e) cloração   ( ) morte de microrganismos

6. Assinale a alternativa correta.

a) Para a higiene corporal e preparo de alimentos usa-se água:
( ) destilada ( ) potável
( ) mineral ( ) poluída

b) A mistura de sulfato de alumínio e cal hidratada é usada nas estações de tratamento para a:
( ) filtragem
( ) decantação
( ) floculação
( ) filtração

c) Para matar os microrganismos existentes na água submetida a tratamento de purificação utiliza-se:
( ) flúor ( ) magnésio
( ) cloro ( ) oxigênio

d) Partículas pesadas suspensas num líquido, com o decorrer do tempo, tendem a depositar-se no fundo do recipiente que contém o líquido. Tal processo denomina-se:
( ) fluoração
( ) decantação
( ) cristalização
( ) floculação

e) Em algumas cidades a água submetida a tratamento de purificação recebe o flúor, cujo papel é:
( ) matar os microrganismos existentes na água
( ) prevenir a cárie dentária
( ) melhorar o sabor da água
( ) deixar a água mais fácil de ser absorvida

f) As velas usadas para a filtragem de água contida em potes de barro são constituídas de:
( ) porcelana
( ) vidro
( ) barro
( ) carvão

7. Resolva as seguintes palavras cruzadas:

HORIZONTAIS

1. Deposição de partículas de uma suspensão no fundo de um recipiente.

2. Sistema de captação de água dos rios para ser tratada.

3. Água fresca, inodora, de sabor agradável, própria para beber.

4. Ambiente onde se desenvolve a vegetação.

5. Processo empregado no tratamento de água para matar os micróbios.

6. Planeta que habitamos.

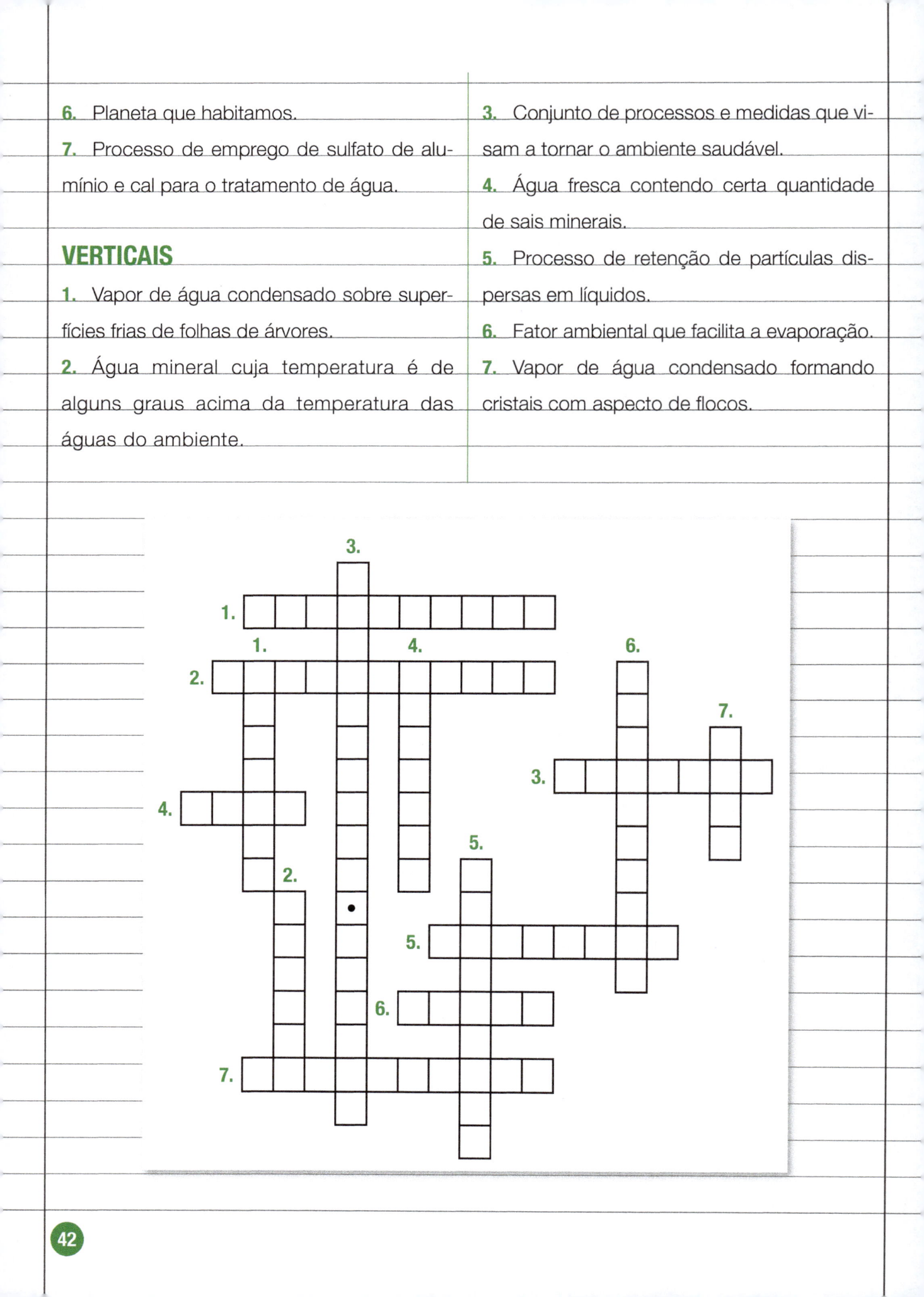

7. Processo de emprego de sulfato de alumínio e cal para o tratamento de água.

VERTICAIS

1. Vapor de água condensado sobre superfícies frias de folhas de árvores.

2. Água mineral cuja temperatura é de alguns graus acima da temperatura das águas do ambiente.

3. Conjunto de processos e medidas que visam a tornar o ambiente saudável.

4. Água fresca contendo certa quantidade de sais minerais.

5. Processo de retenção de partículas dispersas em líquidos.

6. Fator ambiental que facilita a evaporação.

7. Vapor de água condensado formando cristais com aspecto de flocos.

8. Observe a figura abaixo.

Agora, responda.

a) O que acontece com a água dentro da panela?

b) O que se pode observar na tampa da panela?

c) Que mudanças de estado a água sofreu? Em que locais?

12. A água e a nossa saúde

PRINCIPAIS DOENÇAS RELACIONADAS COM A ÁGUA:

I. **Cólera**: causada pela bactéria **vibrião colérico**. Sintomas: diarreia intensa, vômitos, cólicas intestinais, desidratação. O vibrião vive na água e contamina os peixes e frutos do mar.

II. **Disenteria**: causada por certos micróbios como bactérias e protozoários, como as amebas. Sintomas: cólicas, diarreia e vômitos.

III. **Ascaridíase**: verminose mais conhecida como lombriga. Pode ser transmitida por meio de água contaminada com ovos do verme áscaris. Sintomas: dores de barriga, diarreia, enjoo, anemia e desânimo.

TRANSMISSÃO DE AMEBAS PELA ÁGUA E PELOS ALIMENTOS

1. menino com amebas — amebas eliminadas com as fezes
doença: amebíase
sintoma: disenteria
2. água contaminada com amebas
3. mulher ingere amebas ao se alimentar da verdura contaminada

43

IV. **Esquistossomose**: causada pelo verme **esquistossomo**, que habita veias que dão acesso ao fígado, produzindo inchaço do abdome ("barriga-d'água"). É transmitida por um caramujo de água doce.

CICLO DE VIDA DO ESQUISTOSSOMO

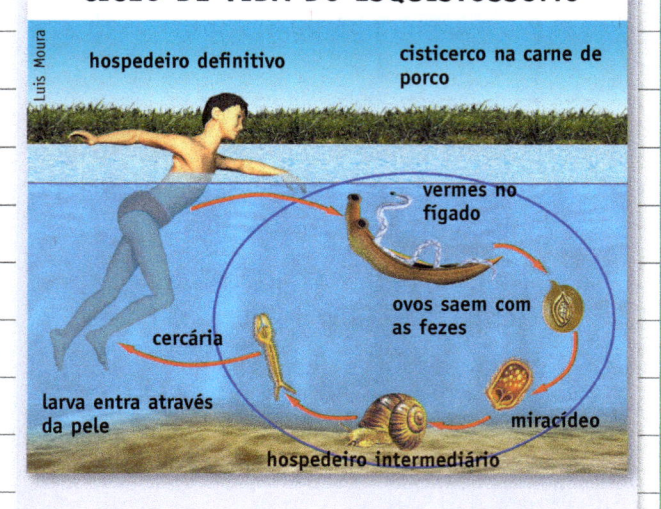

- hospedeiro definitivo
- cisticerco na carne de porco
- vermes no fígado
- ovos saem com as fezes
- cercária
- larva entra através da pele
- miracídeo
- hospedeiro intermediário

A água pode ser veículo de transmissão de doenças como:

V. **Malária**: causada por **plasmódios** (espécie de protozoário), transmitida pela picada das fêmeas de mosquitos **Anófeles** que botam ovos em águas paradas. Dos ovos se formam larvas que se desenvolvem produzindo mosquitos adultos. Sintomas: febres elevadas e periódicas.

VI. **Dengue**: causada por um vírus e transmitida pela picada do mosquito *Aedes aegypti*. Sintomas: febre elevada, dores musculares, manchas avermelhadas no corpo, hemorragias intestinais. O mosquito transmissor desenvolve-se a partir de larvas que se formam de ovos botados pelas fêmeas em águas paradas.

1. Quais são as principais doenças transmitidas pela água?

2. Sobre a cólera, responda.
 a) O que a causa?

 b) Como pode ser adquirida?

 c) Quais são os principais sintomas?

3. Quais são as principais medidas para evitar a transmissão da cólera?

4. Quais são os principais causadores das disenterias por alimentos?

5. O que fazer para evitar as disenterias?

6. Sobre a "barriga-d'água", responda.
   a) O que a causa?

   b) O que a transmite?

   c) Como um indivíduo sadio pode adquirir a esquistossomose?

7. Como se pode evitar a propagação da esquistossomose?

8. O que causa a malária? Qual é o principal sintoma dessa doença?

9. Como é transmitida a malária?

10. O que fazer para impedir a contaminação pela malária e sua propagação?

11. Sobre a dengue, responda.

a) O que a causa?

b) Como é transmitida essa doença?

c) Quais são os sintomas da forma grave da dengue?

12. Por que não se deve deixar água acumulada em vasos, potes ou pneus, e nem as caixas-d'água abertas?

13. A composição da água

Eletrólise: separação dos componentes da água (hidrogênio e oxigênio) pela passagem da corrente elétrica. Para se realizar a separação desses componentes é preciso um voltímetro.

Voltâmetro: aparelho formado por um conjunto de pilhas ligadas nas extremidades a um fio condutor de eletricidade. É usado para determinar a composição da água. Para isso, introduzem-se as extremidades dos fios em dois tubos de ensaio cheios de uma solução de água com vinagre ou suco de limão.

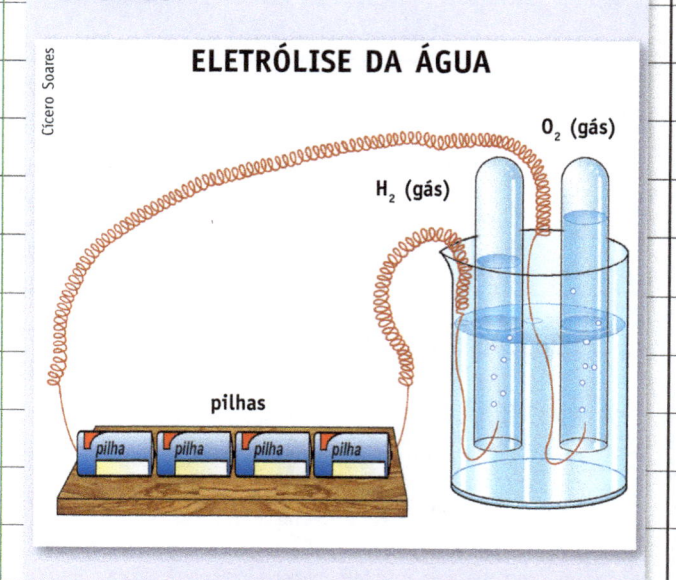

ELETRÓLISE DA ÁGUA

O_2 (gás)

H_2 (gás)

pilhas

Cícero Soares

Hidrogênio (H): forma-se no tubo em contato com o fio negativo, sendo combustível e mais leve que o ar.

Oxigênio (O): forma-se no tubo em contato com o fio positivo, sendo comburente (alimenta a combustão) e mais pesado que o ar.

Proporções formadas: 2 volumes de hidrogênio (H) para 1 volume de oxigênio (O), daí a fórmula H_2O para a água.

1. Associe corretamente a coluna da esquerda com a coluna da direita.

(a) voltâmetro   ( ) decomposição de substâncias pela eletricidade

(b) eletrólise   ( ) substância que ao queimar produz calor

(c) combustível   ( ) substância que alimenta a combustão

(d) comburente   ( ) aparelho por meio do qual se realiza a eletrólise

2. Marque **certo** ou **errado** e justifique por que está errado.

a) Para a realização da eletrólise, utiliza-se a corrente elétrica proveniente das pilhas.
( ) certo   ( ) errado

b) A água pura conduz eletricidade.
( ) certo   ( ) errado

c) Durante a eletrólise o gás que se forma em proporção menor é o oxigênio, que é combustível e mais leve que o ar.
( ) certo   ( ) errado

d) Os fios do voltâmetro devem ter as extremidades descascadas para a manutenção do contato elétrico.
( ) certo   ( ) errado
Justificativa(s):

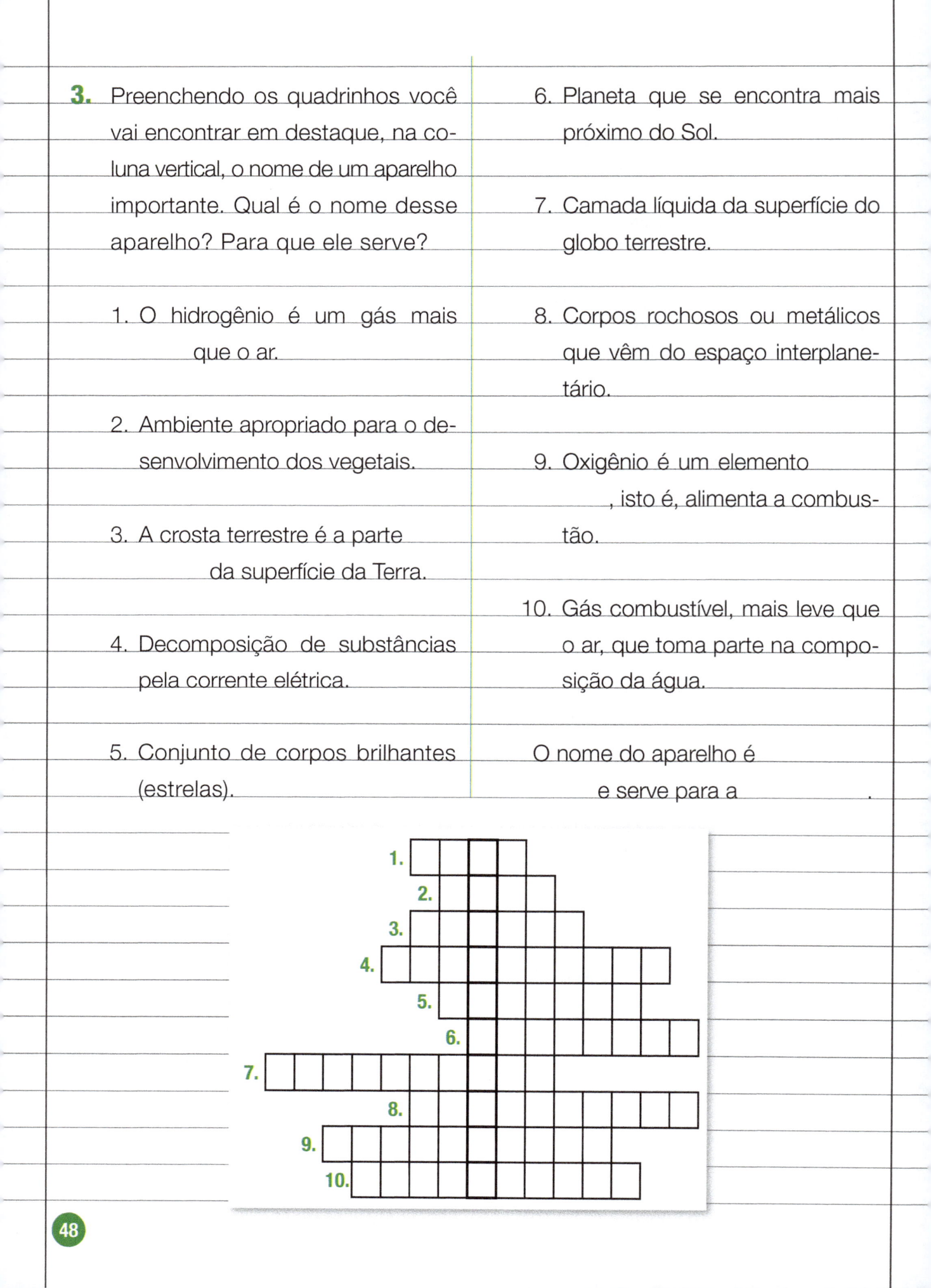

3. Preenchendo os quadrinhos você vai encontrar em destaque, na coluna vertical, o nome de um aparelho importante. Qual é o nome desse aparelho? Para que ele serve?

1. O hidrogênio é um gás mais _____ que o ar.

2. Ambiente apropriado para o desenvolvimento dos vegetais.

3. A crosta terrestre é a parte _____ da superfície da Terra.

4. Decomposição de substâncias pela corrente elétrica.

5. Conjunto de corpos brilhantes (estrelas).

6. Planeta que se encontra mais próximo do Sol.

7. Camada líquida da superfície do globo terrestre.

8. Corpos rochosos ou metálicos que vêm do espaço interplanetário.

9. Oxigênio é um elemento _____, isto é, alimenta a combustão.

10. Gás combustível, mais leve que o ar, que toma parte na composição da água.

O nome do aparelho é _____ e serve para a _____.

14. A densidade da água e de outras substâncias

Volume: é o espaço ocupado por um corpo.

Massa: é a quantidade de matéria (número de partículas) contida num corpo.

Densidade: é a relação entre a massa e o volume de um corpo, sendo representada por:

$$d = \frac{m}{V}$$

d = densidade
m = massa
V = volume

A densidade da água é 1 g/cm³.

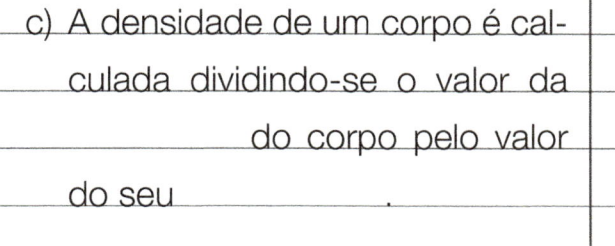

Lembre que:

Numa mistura de substâncias insolúveis, as mais densas ocupam posições mais inferiores.

1. Complete as seguintes frases.

a) A quantidade de matéria contida nos corpos denomina-se _____.

b) Se um corpo sólido, mergulhado em água, desloca 10 cm³ dessa água, significa que seu volume é de _____.

c) A densidade de um corpo é calculada dividindo-se o valor da _____ do corpo pelo valor do seu _____.

d) Quando substâncias de densidades diferentes são colocadas em presença umas das outras, as mais densas ocupam as camadas _____.

2. Observe a foto e responda: qual substância é mais densa e qual é menos densa? Como é possível fazer essa distinção?

3. Marque **certo** ou **errado** e justifique por que está errado.

a) A medida das massas dos corpos se faz nas balanças por comparação com massas conhecidas.
( ) certo   ( ) errado

b) Se 10 g de uma substância ocupam um volume de 10 cm³, a densidade da substância é igual a 20 g/cm³.
( ) certo   ( ) errado

c) Corpos menos densos que a água afundam nela.
( ) certo   ( ) errado

d) A gasolina flutua na água porque sua densidade é menor do que 1 g/cm³.
( ) certo   ( ) errado
Justificativa(s):

4. Num dos pratos de uma balança foi colocada certa quantidade de açúcar. Para equilibrar a balança, foi necessário colocar no outro prato dois "pesinhos" de 200 g e um de 100 g. Quanto de açúcar foi colocado na balança?

5. Uma rosca de ferro de 39,5 g foi colocada numa proveta contendo 40 cm³ de água. O nível da água subiu para 45 cm³. Qual é o volume da rosca?

6. Baseado no exercício anterior, qual é a densidade da rosca de ferro?

7. Quarenta gramas de um corpo ocupam o volume de 80 cm³. Qual é a densidade desse corpo?

8. Se o corpo do exercício anterior for colocado na água, o que acontece com ele? Por quê?

9. Três substâncias (A, B e C), insolúveis entre si, foram colocadas num mesmo recipiente. Têm-se os seguintes dados:

a) 60 g da substância A ocupam o volume de 20 cm³

b) 30 g da substância B ocupam o volume de 30 cm³

c) 40 g da substância C ocupam o volume de 20 cm³

Indique no desenho abaixo como se dispõem essas substâncias no recipiente.

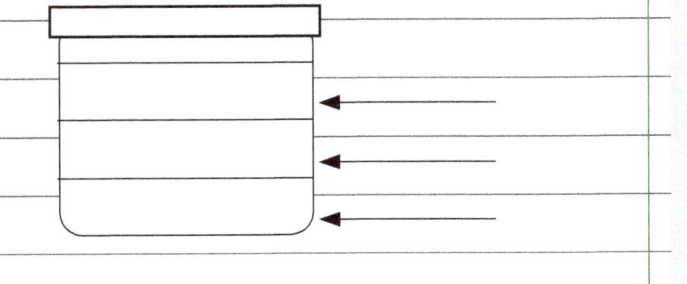

15. A flutuação dos corpos na água

Gravidade: é a força que a Terra exerce sobre todo corpo, atraindo-o. Essa força é chamada força-peso ou peso do corpo e pode ser medida em **dinamômetros**.

A figura abaixo mostra um dinamômetro de mola. O corpo, atraído pela gravidade da Terra, causa uma deformação na mola do dinamômetro. O valor do peso do corpo é proporcional à deformação da mola e é marcado numa escala graduada.

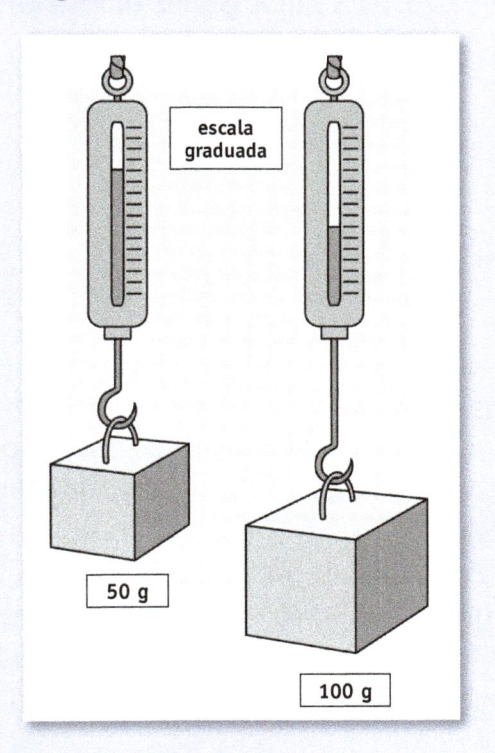

O que nós chamamos de **balança** é um dinamômetro. Esse instrumento mede a deformação de suas molas quando comprimidas pelo peso.

Se uma balança for levada para a Lua, o peso de um corpo será seis vezes menor, pois nela a força gravitacional é menor.

Balança: um dinamômetro que mede a deformação de suas molas e permite calcular o "peso" dos materiais.

Empuxo: força exercida pela água, de baixo para cima, sobre todo corpo que nela é colocado.

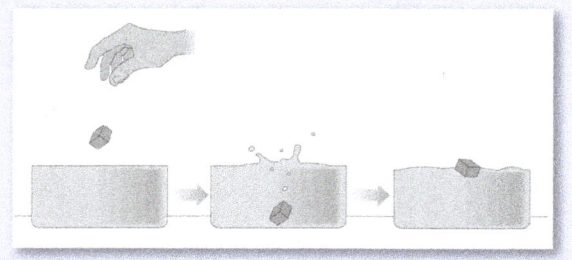

Não é só a água que exerce empuxo, mas qualquer substância, inclusive o ar. É graças ao empuxo que os barcos flutuam na água e os balões flutuam no ar.

Princípio de Arquimedes: "Todo corpo mergulhado na água sofre a ação de uma força de baixo para cima igual ao peso do volume de água deslocada pelo corpo".

Lembre que:

Quanto maior a densidade do líquido tanto maior é o empuxo.

1. Complete a tabela colocando as definições.

Massa	
Peso	
Volume	

2. Como se mede o peso?

3. O que acontece quando um corpo é mergulhado num líquido?

4. No recipiente abaixo esquematizado, há uma rolha com peso P na superfície da água, que exerce um empuxo E.
Assinale com um **X** a condição da rolha em relação ao princípio de Arquimedes.

a) ( ) P > E
b) ( ) P = E
c) ( ) P < E

5. Marque **certo** ou **errado** e justifique por que está errado.

a) O peso de uma bola de borracha no ar é maior do que o peso que ela teria se estivesse na água.
( ) certo ( ) errado

b) O peso dos corpos é medido em instrumentos denominados dinamômetros.
( ) certo ( ) errado

c) Todo corpo mergulhado num líquido sofre por parte do líquido um empuxo vertical de cima para baixo.
( ) certo ( ) errado

d) A relação entre o peso dos corpos e o empuxo da água foi descoberta pelo cientista Pascal.
( ) certo ( ) errado
Justificativa(s):

6. Complete as seguintes frases.

a) O empuxo é _____ ao peso do volume de líquido deslocado.

b) Arquimedes enunciou um princípio que diz que todo corpo mergulhado num líquido recebe por parte deste um _____ vertical de baixo para cima igual ao _____ do volume de líquido deslocado pelo corpo.

7. Por que um navio, que é um corpo gigantesco, é capaz de flutuar na água do mar?

8. Por que é mais fácil boiar na água do mar do que na água da piscina?

16. A água exerce pressão

Pressão: resultado de forças que atuam sobre uma superfície. A água contida num recipiente exerce pressão em toda a superfície do recipiente.

Princípio de Pascal: "O aumento de pressão em qualquer ponto de um líquido transmite-se igualmente a toda a massa líquida."

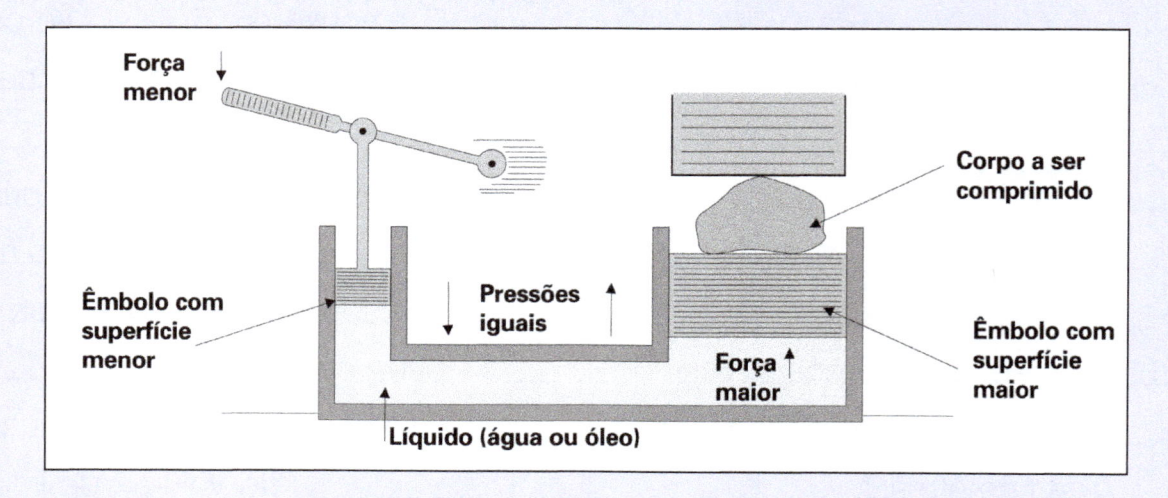

- A pressão aumenta com a profundidade do líquido.
- O princípio de Pascal aplica-se a prensas hidráulicas, freios hidráulicos e elevadores para lubrificação de automóveis.

Os mergulhadores sentem o aumento da pressão da água à medida que aumenta a profundidade.

17. A água nos vasos comunicantes

VASOS COMUNICANTES

VASOS COMUNICANTES - TUBO EM "U"

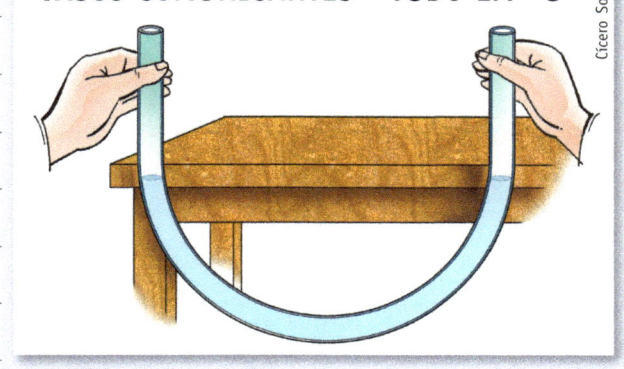

Aplicações:
a) medida de nível de terrenos, paredes, portas e janelas nas construções;
b) distribuição de água nas cidades;
c) sifões.

Você já deve ter observado que toda caixa-d'água é instalada em pontos altos. Essa localização permite que a água seja distribuída para todo o bairro através de um sistema de vasos comunicantes.

A água contida na caixa-d'água exerce pressão sobre a que está dentro do encanamento, empurrando-a. Assim,

1. Por que nas barragens de represamento de água nas usinas hidrelétricas há maior espessura nas porções profundas?

2. Qual é a vantagem de usar a prensa hidráulica para comprimir objetos?

3. O que estabelece o Princípio de Pascal?

todos os encanamentos ligados a uma mesma caixa-d'água recebem a água que saiu da estação de tratamento.

DISTRIBUIÇÃO DA ÁGUA NO BAIRRO

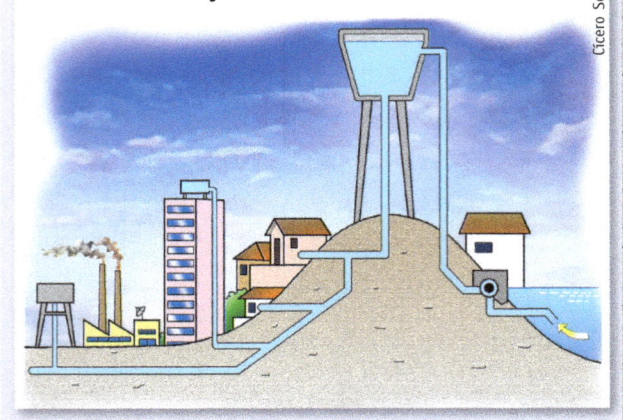

Lembre que:

Nos vasos que se comunicam entre si a água permanece num mesmo nível.

1. Assinale a alternativa que obedece ao Princípio de Pascal.
   - ( ) poços artesianos
   - ( ) freios de automóveis
   - ( ) prensa hidráulica
   - ( ) elevadores de automóveis
   - ( ) vasos comunicantes

2. Na figura a seguir, despejando-se água no vaso 1, depois de certo tempo ela vai ocupar também os vasos 2, 3 e 4. Supondo que a água chegue no vaso 1 no nível N, marque em que nível ela deverá estar nos outros vasos.

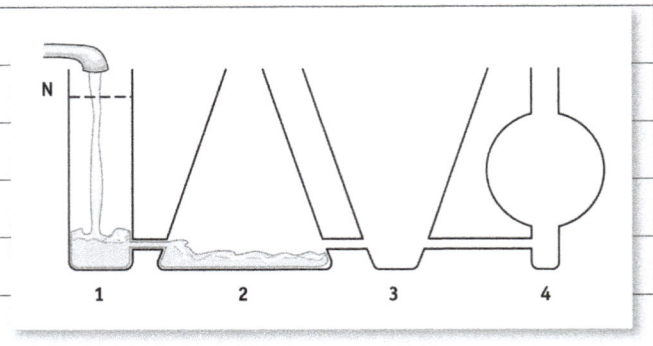

3. Na figura há um erro, pelo princípio dos vasos comunicantes. Assinale-o com um X e depois comente-o:

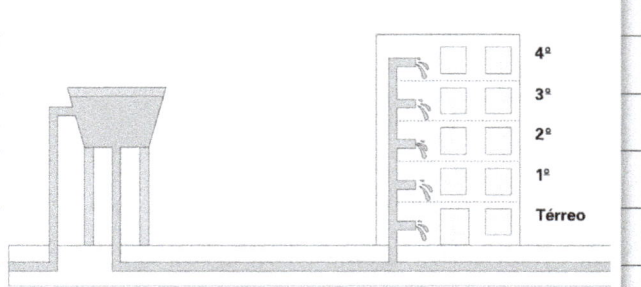

Comentário:

4. Nas figuras abaixo você encontra três erros. Descubra-os e assinale-os com um **X**. Justifique.

Justificativas:

5. Por que as caixas de água das residências devem ficar num plano superior ao dos locais de saída de água (torneiras, chuveiros, válvulas de descargas etc.)?

ANOTAÇÕES

18. A água como fonte de energia e como meio de transporte

Energia: o que é capaz de realizar um trabalho.

Formas de energia: **mecânica** (a que produz movimento), **térmica** (a que produz calor), **luminosa**, **elétrica**, **sonora** etc.

O potencial energético da água é captado e transformado nas usinas hidrelétricas. Da seguinte maneira, ao abrirem-se as comportas da barragem, a força da água faz movimentar as turbinas, transformando a energia cinética da água em energia mecânica.

A energia mecânica da água em queda movimenta as pás das turbinas, que provocam o movimento dos geradores, produzindo a eletricidade. Por meio de uma rede de transmissão, depois de passar por transformadores, a energia elétrica é aproveitada para acenderem-se lâmpadas, para aquecer fornos e chuveiros, para movimentar motores, para acionar aparelhos de som e imagem etc.

Lembre que:

A energia não é criada nem destruída, mas um tipo de energia se converte em outro.

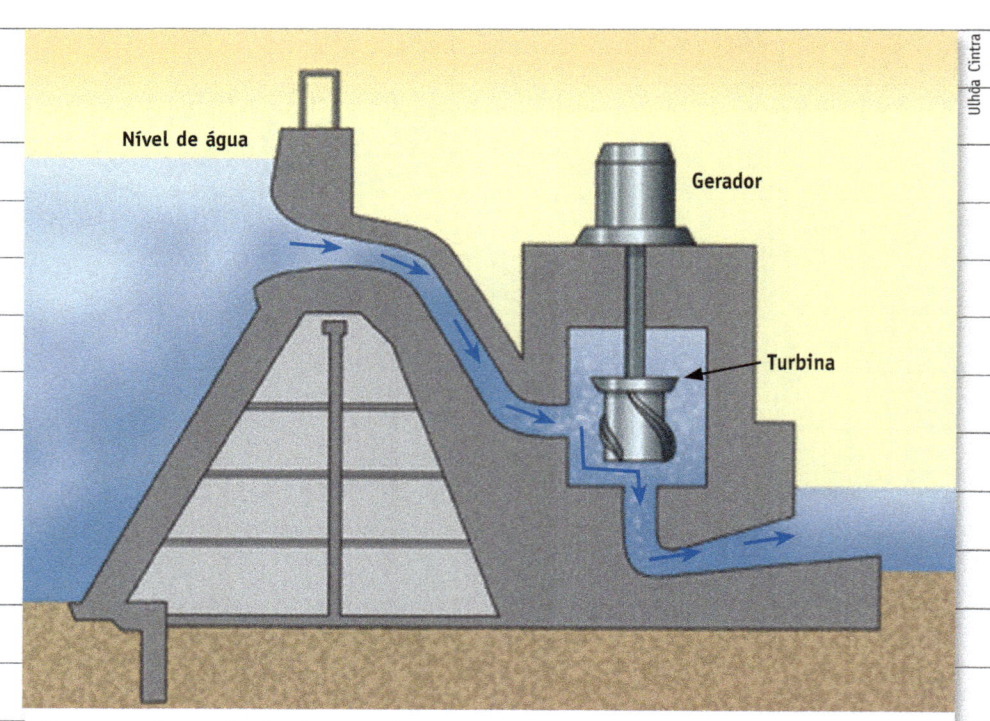

Esquema da produção de energia em uma usina hidrelétrica
Principais componentes da usina hidrelétrica:
Barragem: estrutura construída para represar água em reservatórios.
Turbina: máquina que transforma energia cinética da água em energia mecânica, isto é, em movimento.
Gerador: máquina que transforma energia mecânica em elétrica, produzindo uma corrente contínua ou alternada.

1. O que você entende por energia?

2. Quais são as formas de energia que você conhece?

3. Cite um exemplo de transformação de energia.

4. Qual é a forma de energia contida numa queda-d'água? Em que outro tipo de energia ela se transforma?

5. Que tipos de energia você usa em casa? Para quê?

6. Ao aquecermos um ferro para passar roupas, que transformação de energia ocorre?

7. O que o homem faz atualmente para elevar a água a grandes alturas para aproveitar a energia dela?

8. Escreva os nomes das estruturas apontadas:

Água represada

9. Baseado no desenho anterior, complete as seguintes frases:

a) A água é _____ nas barragens para que fique em grandes alturas. Ao descer por tubos de aço, a água vai em grande velocidade ao encontro de _____ situadas na parte inferior.

b) _____ é um aparelho composto de uma roda móvel. Nessa roda é aplicada a _____ da água em queda.

c) A turbina possui um eixo que faz girar um _____, produzindo _____.

10. A quem a água serve como meio de transporte?

19. O ciclo da água na natureza

Estados físicos da água: sólido (neve, granizo, geleiras), sólido + líquido (nuvens), líquido (chuva), gasoso (vapor de água atmosférico, que não é visível).

Mudanças de estado físico da água: provocadas por radiações solares que fazem evaporar parte da água dos oceanos, dos mares, dos lagos, dos rios, do solo e dos seres vivos (por transpiração, respiração e excreção). Em altas camadas da atmosfera, o vapor de água resfria, condensa e forma as nuvens que se precipitam na forma de chuva, fazendo a água retornar à sua origem.

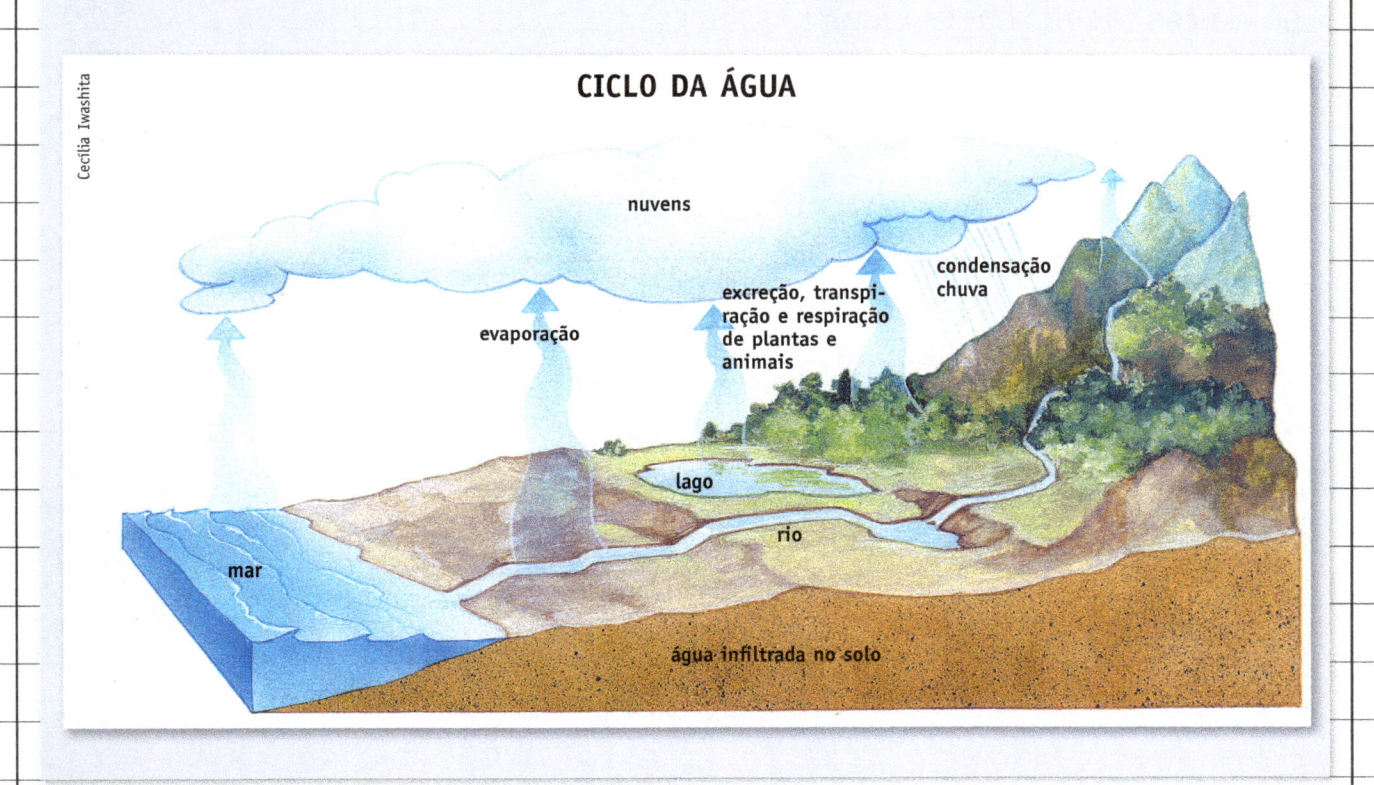

CICLO DA ÁGUA

Cecília Iwashita

nuvens — evaporação — excreção, transpiração e respiração de plantas e animais — condensação chuva — lago — rio — mar — água infiltrada no solo

1. Como as plantas obtêm a água na natureza?

2. De que maneira as plantas perdem água?

3. De que maneiras os animais obtêm a água?

4. Por que os pães ao saírem do forno são macios e depois de alguns dias eles se tornam endurecidos?

5. Qual é a importância da chuva no ciclo da água?

6. De que maneiras os animais eliminam a água?

ANOTAÇÕES

O AR

20. A existência do ar e suas propriedades

O ar existe ao redor da Terra (atmosfera), dissolvido na água, nos corpos de animais e plantas e no solo. Sua existência é percebida pelo deslocamento das nuvens, pela agitação dos galhos e das folhas de árvores, pelo esvoaçar dos cabelos, o ar que entra em nossos pulmões.

Propriedades do ar:

I. **Compressibilidade**: diminuição de seu volume quando é comprimido.

II. **Elasticidade**: volta ao seu volume inicial quando descomprimido.

III. **Expansibilidade**: aumenta de volume, ocupando todo o espaço disponível. Quando aquecido, o ar se expande na proporção do aquecimento.

IV. **Exerce pressão** sobre todos os corpos e sobre a superfície da Terra.

Ar comprimido contém grande número de partículas encerradas num pequeno volume.

Aplicações: acionamento de elevadores hidráulicos em postos de lubrificação de automóveis; enchimento de botes, pneus, bolas, etc.

Ar rarefeito contém pequeno número de partículas ocupando todo o volume que lhe é oferecido.

Aplicações: funcionamento de aspiradores de pó, ar aquecido que faz os balões subirem.

AR COMPRIMIDO

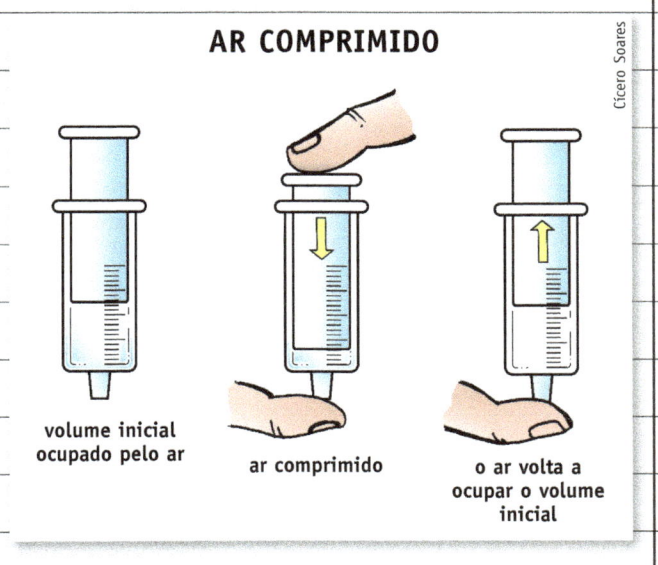

volume inicial ocupado pelo ar — ar comprimido — o ar volta a ocupar o volume inicial

AR RAREFEITO

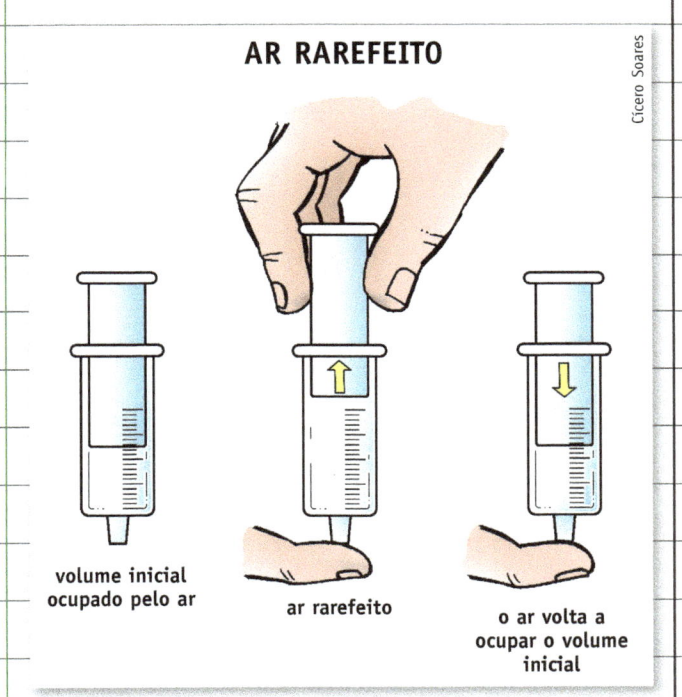

volume inicial ocupado pelo ar — ar rarefeito — o ar volta a ocupar o volume inicial

1. Cite alguns fatos da natureza que demonstrem a existência do ar.

2. Como você pode provar que no solo existe ar?

3. Você pode transferir o ar de seus pulmões para algum objeto? Justifique sua resposta.

4. Num copo vazio existe ar? Como prová-lo? Faça um desenho acompanhando a sua resposta.

5. Por que um guarda-chuva aberto, lançado do alto de um edifício, sustentando uma pequena carga, cai lentamente?

6. Quando se diz que o ar está comprimido?

7. Você é capaz de comprimir o ar? Explique.

8. Cite algumas aplicações do ar comprimido.

9. Quando se diz que o ar está rarefeito?

10. Quando o ar é aquecido, num grande ambiente, ele fica comprimido ou rarefeito? Por quê?

11. Em cada uma das frases abaixo encontram-se expressões relacionadas ao ar comprimido ou ao ar rarefeito. Nos parênteses, coloque **R** para ar rarefeito e **C** para ar comprimido:

a) (   ) ar de grandes altitudes

b) (   ) bote salva-vidas

c) (   ) pneus de automóveis

d) (   ) bolas esportivas

e) (   ) aspirador de pó

f) (   ) revólver de pintura

21. A atmosfera

Atmosfera: camada gasosa que envolve a Terra.

Camadas da atmosfera:

Camada	Principais fenômenos que nela ocorrem
Troposfera	Contém nuvens. Aqui ocorrem ventos, chuvas etc. Começa no solo e chega a ± 12 km de altura.
Estratosfera	Não contém nuvens. Não ocorrem chuvas. Voam os aviões a jato. Contém gás ozônio.
Mesosfera	Temperaturas muito baixas.
Termosfera	Contém íons (partículas carregadas de eletricidade). Temperaturas elevadas (cerca de 1.000 °C). Penetram meteoritos.
Exosfera	Predomínio de gás hidrogênio (H_2).
Ionosfera	Camada carregada de íons que compreende do início da mesosfera até o final da termosfera. Reflete as ondas de rádio.

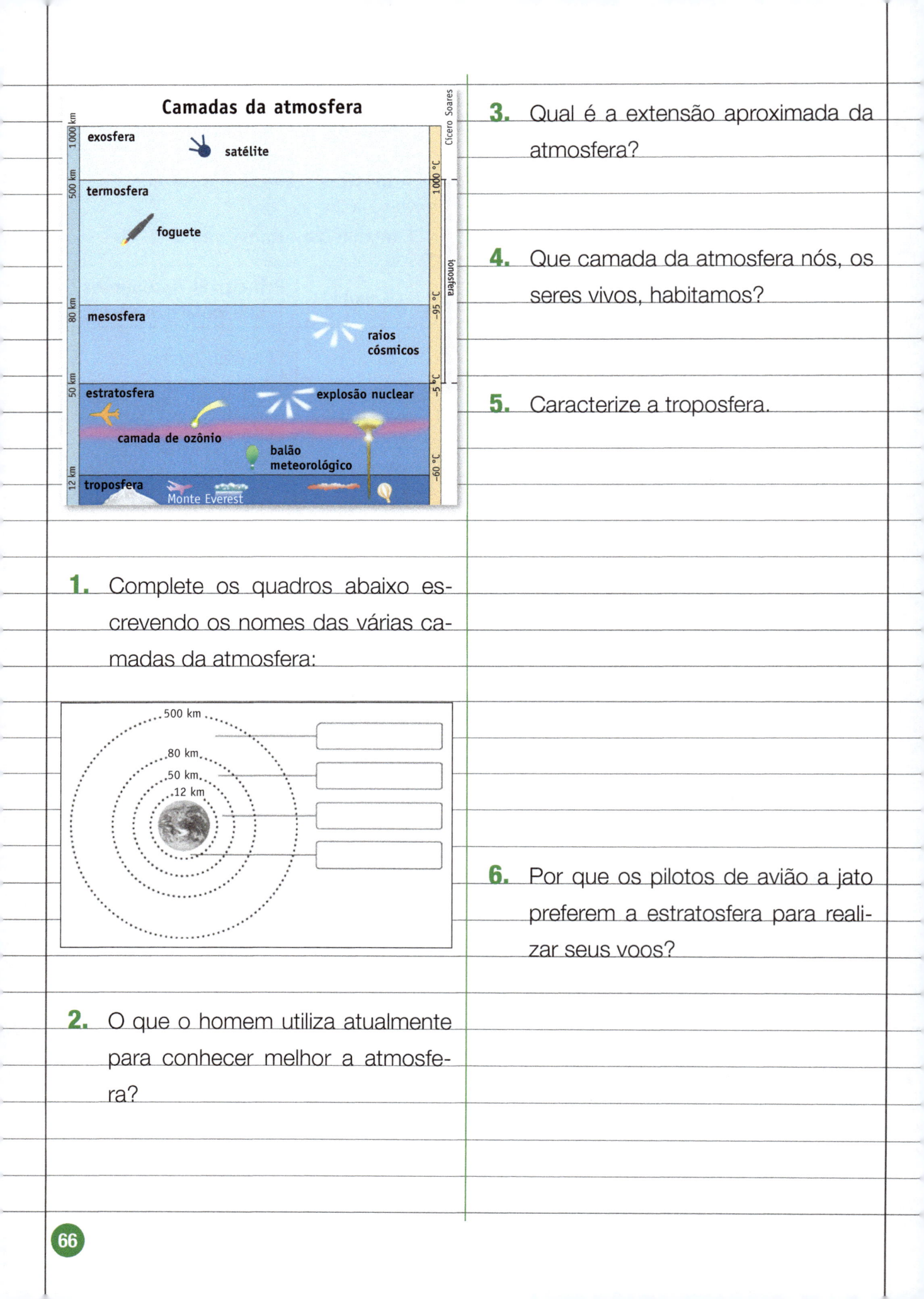

Camadas da atmosfera

- exosfera — satélite
- termosfera — foguete
- mesosfera — raios cósmicos
- estratosfera — explosão nuclear, camada de ozônio, balão meteorológico
- troposfera — Monte Everest

3. Qual é a extensão aproximada da atmosfera?

4. Que camada da atmosfera nós, os seres vivos, habitamos?

5. Caracterize a troposfera.

1. Complete os quadros abaixo escrevendo os nomes das várias camadas da atmosfera:

- 500 km
- 80 km
- 50 km
- 12 km

6. Por que os pilotos de avião a jato preferem a estratosfera para realizar seus voos?

2. O que o homem utiliza atualmente para conhecer melhor a atmosfera?

7. Associe corretamente a coluna da esquerda com a coluna da direita:

(a) troposfera   ( ) limite com o espaço cósmico

(b) estratosfera   ( ) temperaturas muito elevadas

(c) mesosfera   ( ) camada rica em ozônio

(d) termosfera   ( ) temperaturas muito baixas

(e) exosfera   ( ) ocorrem fenômenos meteorológicos

8. Preencha as lacunas das seguintes frases:

a) À medida que subimos na atmosfera, afastando-nos da superfície da Terra, o ar torna-se cada vez mais _____.

b) A camada da atmosfera em que vivemos é a _____, rica em _____, graças à qual se formam as nuvens e onde se observam fenômenos meteorológicos.

c) Os helicópteros voam na _____, enquanto os aviões a jato fazem seus longos percursos na estratosfera.

d) A mesosfera é uma camada rica em _____. Esse gás filtra radiações ultravioleta, prejudiciais aos seres vivos.

e) As ondas de rádio emitidas da Terra são refletidas pelos íons na _____. Mas as ondas de televisão, para serem refletidas, necessitam de _____ artificiais.

f) A camada mais periférica da atmosfera é a _____.

9. Loteria científica.

Em cada jogo assinale a coluna 1 se a alternativa correta for **a**, a coluna 2 se a alternativa correta for **b** e a coluna do meio quando as alternativas **a** e **b** forem corretas:

1. À medida que subimos na atmosfera, o ar
   a) ( ) se rarefaz.
   b) ( ) se concentra.

2. Na mesosfera
a) ( ) a temperatura é elevada.
b) ( ) a temperatura é baixa.

3. Na ionosfera
a) ( ) as ondas de rádio são refletidas.
b) ( ) os meteoritos se fragmentam.

4. A troposfera
a) ( ) se estende de 8 a 16 km de altitude do solo.
b) ( ) é a camada carregada de umidade.

5. Os helicópteros costumam voar
a) ( ) na troposfera.
b) ( ) na estratosfera.

6. Não há perigo de "mau tempo". Isso acontece
a) ( ) na troposfera.
b) ( ) na estratosfera.

7. As radiações ultravioleta são, em parte, retidas
a) ( ) na estratosfera.
b) ( ) na ionosfera.

8. Os satélites artificiais na ionosfera
a) ( ) refletem ondas de rádio.
b) ( ) refletem ondas de TV.

9. Na estratosfera
a) ( ) a aparência é escura.
b) ( ) não há turbulência.

10. Os pássaros voam
a) ( ) na troposfera.
b) ( ) na estratosfera.

11. Na termosfera
a) ( ) a temperatura é elevada.
b) ( ) existem partículas carregadas de eletricidade.

12. Gás atmosférico utilizado pelas plantas na fotossíntese:
a) ( ) gás carbônico.
b) ( ) nitrogênio.

13. Camada-limite com o espaço cósmico:
a) ( ) ionosfera.
b) ( ) exosfera.

Jogos	Alternativas		
	A	M	B
1.			
2.			
3.			
4.			
5.			
6.			
7.			
8.			
9.			
10.			
11.			
12.			
13.			

Conte o número de acertos.

Se acertou os 13 jogos, parabéns!

ANOTAÇÕES

22. A pressão atmosférica

Pressão atmosférica: força com que a massa gasosa ao redor da Terra atua sobre a superfície desta, atraída pela gravidade.

Medida da pressão atmosférica: feita pela primeira vez em 1643, na cidade de Florença, na Itália, por Torricelli. Ele colocou mercúrio num tubo de 1 m de comprimento, tampou a extremidade livre e emborcou-o num recipiente contendo mercúrio. Veja o que aconteceu, ao nível do mar:

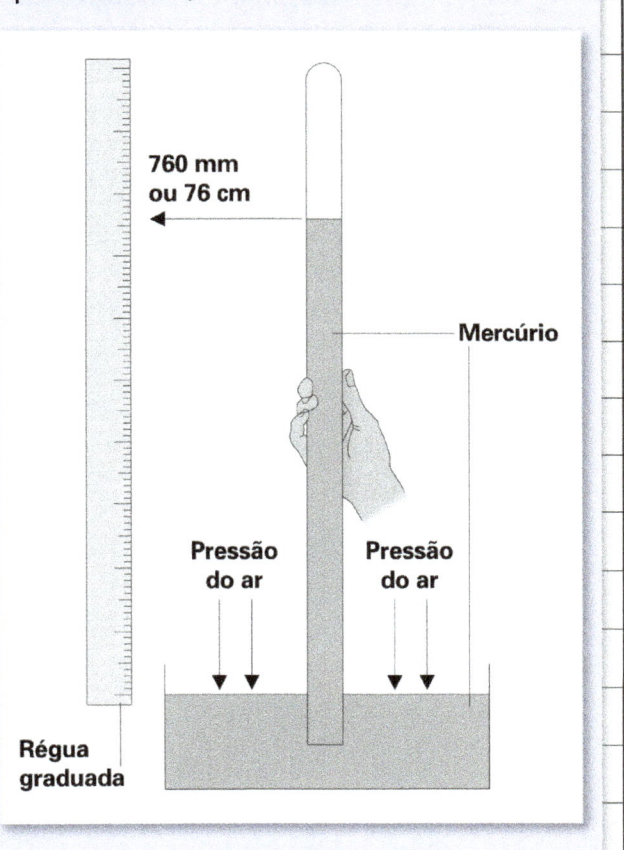

760 mm ou 76 cm — Mercúrio — Pressão do ar — Pressão do ar — Régua graduada

O valor da pressão atmosférica que equilibra uma coluna de mercúrio à altura de 76 cm no nível do mar chama-se **1 atmosfera**.

Barômetro: aparelho que mede a pressão atmosférica utilizando o mercúrio (barômetro de sifão), ou sem a utilização deste (barômetro aneroide).

Na figura abaixo está a relação entre pressão e altitude, determinada por Pascal.

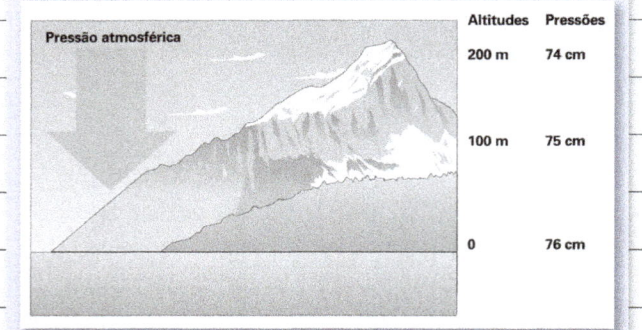

Altitudes	Pressões
200 m	74 cm
100 m	75 cm
0	76 cm

Quando um balão que vai subindo, vai aumentando de tamanho porque vai encontrando ar cada vez mais rarefeito. Quanto mais rarefeito o ar, menor é a pressão que ele exerce sobre o balão. O ar contido dentro do balão exerce pressão sobre suas paredes, de dentro para fora. Assim, a pressão fora do balão vai ficando menor que a de dentro. O ar de dentro do balão empurra suas paredes, provocando o aumento de tamanho.

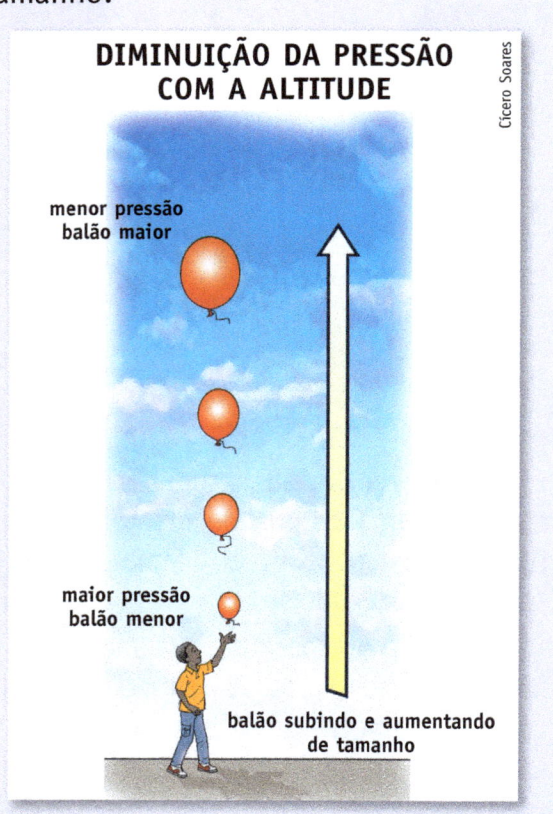

DIMINUIÇÃO DA PRESSÃO COM A ALTITUDE

menor pressão
balão maior

maior pressão
balão menor

balão subindo e aumentando de tamanho

1. A figura abaixo mostra uma garrafa que foi preenchida completamente com água e depois emborcada num recipiente contendo água:

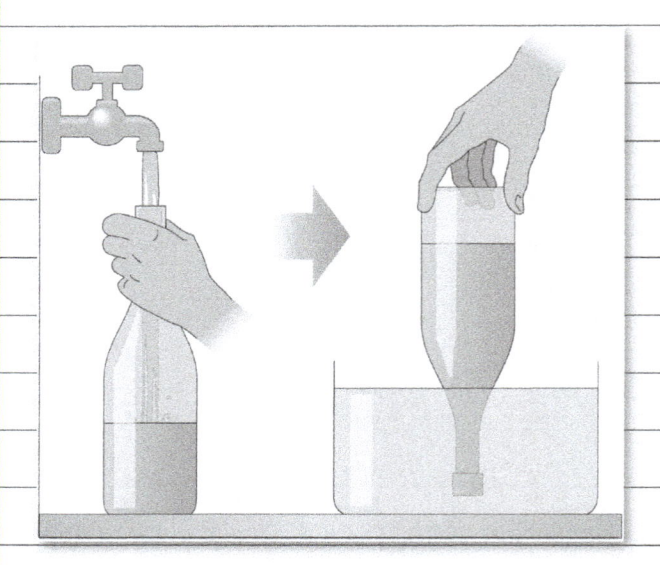

Por que a água da garrafa não desceu até o nível da água do recipiente?

2. O que Torricelli usou para demonstrar a existência da pressão atmosférica?

3. Torricelli demonstrou que, ao nível do mar, a pressão atmosférica é capaz de equilibrar uma coluna de mercúrio no interior de um tubo. A que altura corresponde?

4. Como se denomina o tubo de mercúrio utilizado por Torricelli para medir a pressão atmosférica?

5. Complete as seguintes frases:

a) Torricelli demonstrou pela primeira vez a existência da pressão atmosférica na cidade de _____, na Itália.

b) O cientista francês Blaise Pascal verificou, experimentalmente, a relação entre pressão e _____.

c) Pascal verificou que quanto _____ a altitude, _____ é a pressão.

6. Otto von Guericke uniu dois hemisférios metálicos e de dentro retirou todo o ar. Para separá-los foram necessárias duas parelhas de quatro cavalos.

Por quê?

7. Marque **certo** ou **errado** com um X e justifique as afirmativas erradas:

a) Em 1654, Otto von Guericke comprovou a existência da pressão atmosférica utilizando dois hemisférios de cobre justapostos, de onde o ar foi extraído.
( ) certo   ( ) errado

b) Quando tomamos refresco com canudinho, o líquido passa deste para o interior da boca, porque a pressão aplicada no canudinho é maior do que a pressão atmosférica.
( ) certo   ( ) errado

c) Os hemisférios de Magdeburgo, no experimento de von Guericke, não se separam, porque a pressão em seu interior fica maior do que a pressão atmosférica.
( ) certo   ( ) errado

d) A pressão de uma atmosfera corresponde à pressão de 760 mm de mercúrio.
( ) certo   ( ) errado
Justificativa(s):

8. Associe corretamente a coluna da esquerda com a coluna da direita:

(a) Torricelli   ( ) Hemisférios de Magdeburgo
(b) Pascal   ( ) Barômetro
(c) Pressão maior   ( ) Altitude maior
(d) Pressão menor   ( ) Altitude menor
(e) Otto von Guericke ( ) Relação entre pressão e altitude

9. Observe as figuras abaixo:

▶ Ar sendo expulso

Líquido subindo, ocupando o espaço no interior do tubo

Por que o líquido entra no tubo do conta-gotas?

10. Resolva as seguintes palavras cruzadas:

HORIZONTAIS

1. Aparelho inventado por Torricelli para medir a pressão atmosférica.

2. Cientista que relacionou a pressão com a altitude.

3. Barômetro que não utiliza o mercúrio.

VERTICAIS

1. Cientista que pela primeira vez, em Florença, demonstrou a presença da pressão atmosférica.

2. Medida de pressão originada pelo peso de uma coluna de ar de 1 quilograma-força que age sobre a superfície de 1 cm².

3. Cidade onde o cientista Otto von Guericke realizou uma experiência usando dois hemisférios metálicos a fim de comprovar a existência da pressão atmosférica.

23. Os ventos

Vento: movimento orientado do ar.

Causas: diferenças de temperatura e de pressão de regiões próximas.

Lembre que:

temp. elevada → pressão atmosférica baixa (A)
temp. baixa → pressão atmosférica elevada (B)

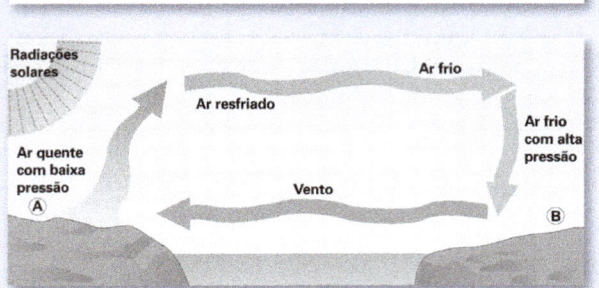

Anemômetros: aparelhos que medem a velocidade do vento.

Birutas e veletas: instrumentos que indicam a direção e o sentido do vento.

Tipos de ventos:

I. **Brisas:** fracos e agradáveis (velocidade de 20 km/h).

Brisa	Quando ocorre	Deslocamento
Marítima	Durante o dia	Do mar para a terra
Terrestre	Durante a noite	Da terra para o mar

BRISA MARÍTIMA

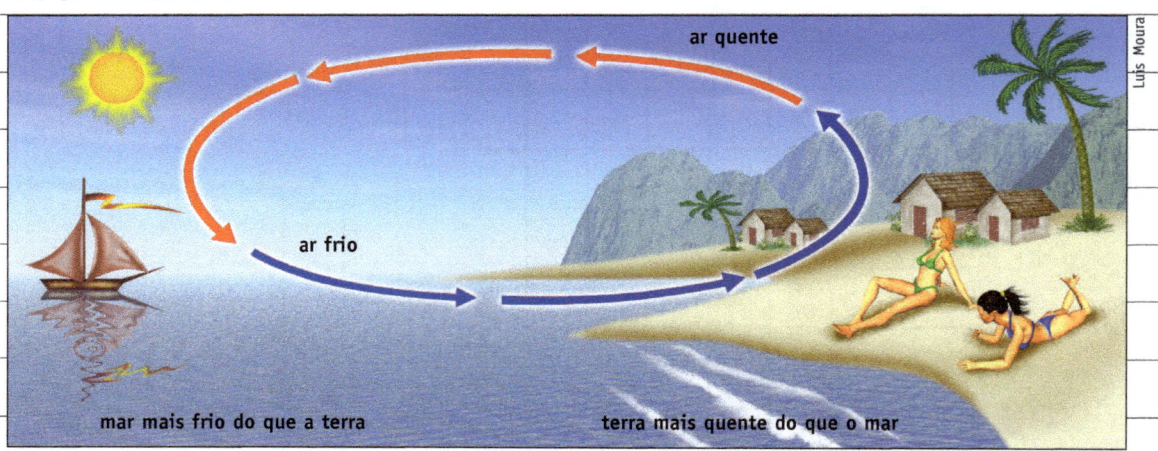

mar mais frio do que a terra — terra mais quente do que o mar

BRISA TERRESTRE

mar mais quente do que a terra — terra mais fria do que o mar

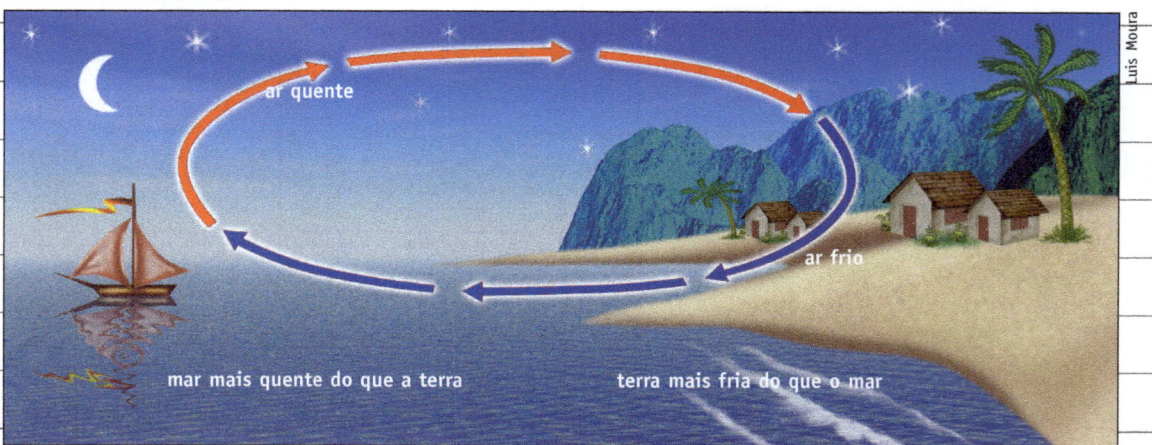

II. **Alísios**: ventos constantes e regulares (velocidade de 30 a 50 km/h). Sopram dos polos da Terra para o Equador. Facilitam a navegação com barcos à vela.

III. **Ciclones**: ventos fortes (velocidade de 100 km/h). Formam correntes em espiral.

IV. **Furacões**: ventos fortíssimos (velocidade de 120 km/h ou mais). Derrubam postes, árvores, casas, automóveis etc.

Efeitos dos ventos: erosão eólica formando dunas; movimentos de barcos a vela e moinhos; transporte de grãos de pólen entre as flores.

Energia eólica: aproveitamento do vento para a produção de energia elétrica, transformando a energia mecânica do vento em energia elétrica.

1. Cite alguns fatos da natureza que demonstram a existência do vento:

2. Complete as seguintes frases:

a) _____ é o ar em movimento.

b) O ar quando aquecido se expande e _____ e, quando resfriado, se comprime e _____.

c) A _____ atmosférica varia conforme o grau de _____ solar.

d) Quando a temperatura é elevada, a pressão atmosférica é _____; quando a temperatura é _____, a pressão atmosférica é elevada.

e) O vento é causado pelo movimento do ar de regiões de _____ pressão para regiões de _____ pressão.

3. Relacione corretamente a coluna da esquerda com a coluna da direita:

(a) anemômetro ( ) indica a direção e o sentido do vento

(b) biruta ( ) ventos que favorecem a navegação de barcos a vela

(c) brisas ( ) mede a velocidade do vento

(d) alísios ( ) ventos fracos e agradáveis

4. Marque **certo** ou **errado** e justifique as afirmativas erradas.

a) A velocidade do vento depende das diferenças de pressão entre duas regiões.
( ) certo ( ) errado

b) A veleta é utilizada para medir a velocidade do vento.
( ) certo ( ) errado

c) O ar quente tende a descer e o ar frio tende a subir.
( ) certo ( ) errado

d) Os ventos alísios foram importantes para as grandes descobertas.
( ) certo ( ) errado

Justificativa(s):

5. Os desenhos abaixo apresentam erros. Escreva as justificativas.

a)

b)

6. Qual é a utilidade das birutas?

7. Assinale com um X nos parênteses da alternativa correta:

a) O instrumento que indica a direção e o sentido do vento é:
( ) o anemômetro
( ) a biruta
( ) o barômetro
( ) o microscópio

b) A escala de velocidade dos ventos baseada nos efeitos por eles provocados foi organizada por:
( ) Pascal   ( ) Torricelli
( ) Beaufort ( ) Arquimedes

c) O vento depende:
( ) exclusivamente da diferença de pressões entre duas regiões.
( ) exclusivamente da diferença de temperatura entre duas regiões.
( ) da diferença de pressão e temperatura entre duas regiões.
( ) da diferença de altitude entre duas regiões.

d) Ventos constantes e regulares que sopram sobre a superfície da Terra, dos polos para o Equador, são denominados:
( ) brisas   ( ) furacões
( ) alísios   ( ) ciclones

e) Ventos fortes que formam correntes em espiral cônica, cuja velocidade é cerca de 100 quilômetros horários, arrancando árvores e destelhando casas, são:
( ) os ventos alísios
( ) os furacões
( ) as rajadas
( ) os ciclones

f) O desgaste das rochas produzido por ação dos ventos chama-se:
( ) erosão eólica
( ) erosão fluvial
( ) erosão pluvial
( ) erosão glacial

8. Para letras iguais você tem símbolos iguais. Depois que resolver o problema, nas casas onde houver um círculo você encontrará as letras que compõem o nome de uma pessoa ilustre, que organizou uma escala de velocidade dos ventos.

1. Ventos fracos e agradáveis.
2. Tipo de erosão provocada pelo vento.
3. Vento favorável à navegação de barcos a vela.
4. Ar que sobe da terra durante o dia.
5. Os ciclones e os furacões são ventos (?).
6. Engenho que movimenta bombas de água e gera eletricidade.
7. A biruta tem a forma de (?) de café.
8. Indica o sentido e a direção do vento.

9. Quais são os efeitos provocados pelos ventos?

10. Quais são as características dos furacões?

Furacão se formando na atmosfera.

11. O que é erosão eólica?

Resposta:

12. O que é brisa marítima?

24. A composição do ar atmosférico

Gases	Porcentagens
Nitrogênio (N_2)	78,06%
Oxigênio (O_2)	21,00%
Gases nobres	0,91%
Gás carbônico (CO_2)	0,03%

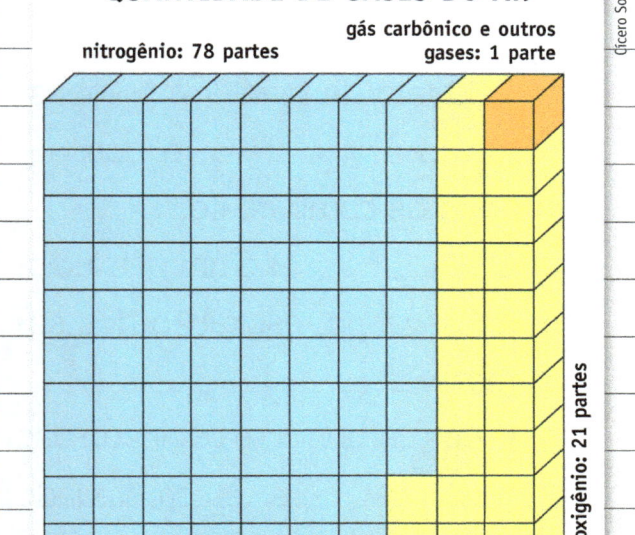

QUANTIDADE DE GASES DO AR

nitrogênio: 78 partes
gás carbônico e outros gases: 1 parte
oxigênio: 21 partes

Cícero Soares

Gases nobres: dificilmente reagem com outros elementos químicos.

Os gases nobres são muito utilizados cotidianamente, por exemplo:

Argônio: empregado em lâmpadas de incandescência.

Hélio: gás leve e não inflamável, utilizado no enchimento de balões.

Neônio e **Criptônio:** utilizados em anúncios luminosos.

Xenônio: empregado em *flashes* eletrônicos para produzir luz.

Radônio: foi muito utilizado em medicina.

Além dos gases, o ar pode conter micróbios, pólen, poeira, água em estado gasoso.

Nitrogênio: fixado por bactérias que vivem no solo e nas raízes de plantas leguminosas (feijão, soja, ervilha etc.) e o convertem em nitratos absorvidos pelas plantas para produção de proteínas. Retorna à atmosfera por ação de bactérias decompositoras de proteínas.

Oxigênio: gás essencial para as combustões e para a respiração dos seres vivos.

Gás carbônico: originado da queima, combustão, é gás utilizado pelos vegetais para a realização da fotossíntese.

Lembre que:

Para haver a combustão, são essenciais o combustível, uma fonte de calor e um comburente para alimentar a combustão.

Classificação dos combustíveis	Exemplos
Sólidos	Madeira, papel, plástico, tecidos, cera.
Líquidos	Gasolina, álcool, querosene, óleo, petróleo.
Gasosos	Hidrogênio, metano, butano.

A madeira é o combustível da fogueira.

- O oxigênio é um gás comburente utilizado nos maçaricos oxiacetilênicos.
- O gás carbônico é empregado nos extintores de incêndio.

Efeito estufa: camada de gás carbônico (CO_2) na atmosfera que impede o escapamento das radiações infravermelhas que a Terra absorveu do Sol, provocando um superaquecimento.

Em quantidades adequadas, o gás carbônico e o efeito estufa são fundamentais para a manutenção da vida em nosso planeta.

A concentração de CO_2 vem aumentando na atmosfera devido, principalmente, à queima de combustíveis fósseis (petróleo e derivados, carvão).

1. Complete o quadro abaixo com os gases encontrados numa amostra de 100 litros de ar e as respectivas porcentagens:

Gases	Porcentagens
	78,06%
Oxigênio (O_2)	
Gases nobres	
	0,03%

2. Complete as seguintes frases:

a) Além dos gases, o ar comum contém também vapor de água, _____ e _____.

b) Pelo fato de manter a combustão, o _____ é denominado de comburente.

c) O _____ é um gás indispensável na respiração dos seres vivos.

d) O gás carbônico é originado das _____ e é empregado pelas plantas para a realização da _____.

e) Para que haja a combustão, são necessários três fatores: _____, _____ e _____.

3. Cite três exemplos de:

a) combustíveis sólidos

b) combustíveis líquidos

c) combustíveis gasosos

4. Observe a figura abaixo:

Por que a chama da vela se apagou?

5. Quais são os principais fatores responsáveis pelo agravamento do efeito estufa na atualidade?

6. Assinale a alternativa correta:

a) Nos maçaricos oxiacetilênicos, além do acetileno, é empregado:
( ) o metano
( ) o hidrogênio
( ) o butano
( ) o oxigênio

b) Na fotossíntese, além de água, clorofila e luz, é necessário:
( ) açúcar
( ) gás carbônico
( ) oxigênio
( ) gás acetileno

c) O gás empregado nos extintores de incêndios é:
( ) o oxigênio
( ) o hidrogênio
( ) o gás carbônico
( ) o hélio

d) Para encher balões, antigamente, usava-se o hidrogênio. Mas, devido ao fato de ser um gás explosivo, ele foi substituído pelo:
( ) argônio
( ) hélio
( ) xenônio
( ) radônio

7. Qual é a importância do nitrogênio do ar para os seres vivos?

8. Associe corretamente a coluna da esquerda com a coluna da direita:

(a) oxigênio   ( ) medicina
(b) gás carbônico   ( ) lâmpadas fluorescentes
(c) hélio   ( ) *flashes* de fotografias
(d) xenônio   ( ) encher balões
(e) neônio   ( ) apagar a chama
(f) radônio   ( ) respiração dos seres vivos

9. Resolva as seguintes palavras cruzadas:

HORIZONTAIS

1. Gás empregado em anúncios luminosos.
2. Gás encontrado em maior proporção no ar.
3. Gás utilizado pelas plantas na fotossíntese.
4. Planta leguminosa.
5. Gás empregado para encher balões.

VERTICAIS

1. Gás usado nos maçaricos.
2. Componentes do ar causadores de doenças.
3. Gás utilizado na respiração dos seres vivos.
4. Gás utilizado em *flashes* de fotografias.
5. Gás empregado antigamente em medicina.

25. A previsão do tempo

Meteorologia: estudo científico dos fenômenos atmosféricos por meio dos quais se podem prever as condições do tempo.

Fatores determinantes das condições do tempo:

I. **Temperatura**: medida em termômetros de máxima e mínima.

II. **Umidade relativa do ar**: medida em higrômetro ou em tabelas ligadas a termômetros de bulbo seco e de bulbo úmido.

umidade relativa baixa → pressão alta
umidade relativa alta → pressão baixa

III. **Ventos**: medidos em anemômetros. Deslocam nuvens e massas de ar.

IV. **Nuvens**:

a) **Estratos**: baixas e acinzentadas, dispostas em camadas. Indicam tempo nublado.

b) **Cirros**: formadas de finíssimos cristais de gelo, com aspecto de penas brancas, situadas acima de 6.000 m. Geralmente, não denunciam mau tempo.

c) **Cúmulos**: nuvens grandes com aspecto de montículos de algodão. Indicam tempo bom.

d) **Nimbos**: nuvens cinzentas e escuras, denunciando mau tempo com chuvas. Formam-se a baixas altitudes.

V. **Frentes** (**frias** e **quentes**): choque entre duas massas de ar de temperaturas, umidades e velocidades diferentes.

83

VI. **Precipitações atmosféricas**: sólidas (granizo), líquidas (chuvas) e cristalinas (neve).

Instrumentos utilizados nas estações meteorológicas terrestres:
I. **Termômetros**: medem as temperaturas máxima e mínima do dia.
II. **Higrômetros**: medem a umidade relativa do ar.
III. **Barógrafos**: medem as pressões atmosféricas do dia.
IV. **Anemômetros**: indicam a velocidade do vento.
V. **Anemoscópios** (birutas): indicam a direção e o sentido do vento.
VI. **Pluviômetros**: medem a quantidade (em mm) de chuva numa região.
VII. **Radares meteorológicos**: associados a computadores para análise dos dados meteorológicos.
VIII. **Sensoriamento remoto**: fotos tiradas por satélites.

1. Complete as frases abaixo:
a) _____ é o estudo científico dos fenômenos atmosféricos por meio dos quais se preveem as condições do _____.

b) Para prever as condições do _____, os meteorologistas dispõem de estações _____ terrestres, de _____ artificiais e de balões meteorológicos.

2. O que os técnicos utilizam nas estações meteorológicas terrestres?

3. Que inovações adquiriram os institutos de meteorologia no Brasil para a análise dos dados meteorológicos?

4. De que maneira são registradas as maiores e as menores temperaturas do dia?

5. Você está de posse de dois termômetros, um de bulbo seco e outro de bulbo úmido. O termômetro de bulbo seco marca 24 °C e o de bulbo úmido marca 22 °C. Qual é a umidade relativa do ar nesse momento? Use a tabela a seguir.

Umidade relativa do ar (em %)								
	Diferença de temperatura entre os termômetros de bulbo seco e úmido							
Temperatura do termômetro de bulbo seco	1 °C	2 °C	3 °C	4 °C	5 °C	6 °C	7 °C	8 °C
15 °C	88	76	65	53	42	32	22	12
16 °C	89	78	68	58	48	38	30	21
17 °C	90	79	70	60	51	43	34	28
18 °C	90	80	70	61	53	44	36	33
19 °C	90	80	71	62	53	45	37	35
20 °C	90	81	71	63	64	46	39	36
21 °C	90	81	72	64	55	47	40	37
22 °C	90	82	72	64	56	48	41	38
23 °C	91	82	73	65	57	49	42	39
24 °C	91	82	74	65	58	50	43	40

6. Qual é a relação entre a pressão atmosférica e a umidade relativa do ar?

7. Relacione corretamente a coluna da esquerda com a coluna da direita.

(a) termômetro   ( ) umidade relativa do ar
(b) barógrafo   ( ) direção e sentido do vento
(c) higrômetro   ( ) velocidade do vento
(d) anemômetro   ( ) temperatura
(e) pluviômetro   ( ) pressão atmosférica diária
(f) anemoscópio   ( ) quantidade de chuva

8. Marque **certo** ou **errado** e justifique as afirmativas erradas.

a) Cirros são nuvens formadas de finíssimos cristais de gelo.
( ) certo   ( ) errado

b) Para a medida de umidade relativa do ar usam-se anemômetros.
( ) certo   ( ) errado

c) Os ventos sopram de regiões de baixas pressões para regiões de altas pressões.
( ) certo   ( ) errado

d) Antes das chuvas e tempestades a pressão do ar fica mais baixa.
( ) certo   ( ) errado
Justificativa(s):

9. Assinale a alternativa correta.

a) Dentre os fatores abaixo, o que não interfere nas condições do tempo é:
( ) a pressão atmosférica
( ) o nível das marés
( ) a umidade relativa do ar
( ) a temperatura

b) O registro diário da pressão atmosférica é fornecido por um aparelho denominado:
( ) higrômetro
( ) barógrafo
( ) barômetro
( ) pluviômetro

c) No encontro de duas massas de ar de temperaturas diferentes surgem:
( ) correntes de convecção
( ) mudanças das marés
( ) frentes
( ) brisas marítimas

d) Dentre as nuvens, as que indicam tempo bom são:
( ) cirros
( ) cúmulos
( ) nimbos-estratos
( ) estratos

10. Complete as seguintes frases.

a) _____ são instrumentos que medem a variação da pressão atmosférica durante 24 horas.

b) _____ são instrumentos que medem a umidade relativa do ar.

c) No choque entre duas massas de ar com temperaturas, umidades e velocidades diferentes, formam-se as _____, que podem ser _____ ou _____.

d) Quando numa região a pressão atmosférica diminui, a umidade relativa do ar _____. Com o _____ da umidade relativa do ar e a chegada de ventos frios, é possível que ocorram _____.

11. Escreva nos parênteses a letra **B** ou **C** conforme a condição indique, respectivamente, tempo bom ou chuvoso.

a) ( ) umidade relativa alta

b) ( ) umidade relativa baixa

c) ( ) pressão atmosférica elevada

d) ( ) pressão atmosférica baixa

e) ( ) frente fria

f) ( ) presença de nuvens do tipo nimbos-estratos

g) ( ) presença de nuvens do tipo cúmulos

12. Complete o quadro:

Instrumento	Função
Termômetro de máxima e mínima	
	Mede a umidade relativa do ar.
	Mede as variações de pressão durante o dia.
Pluviômetro	
Anemômetro	
	Indica a direção e o sentido do vento.

13. Num determinado local, um termômetro de bulbo seco marca a temperatura de 23 °C, e um termômetro de bulbo úmido, no mesmo instante, marca a temperatura de 20 °C. Qual é a umidade relativa desse local? (Consulte a tabela.)

14. Resolva as palavras cruzadas:

HORIZONTAIS

1. Instrumento que mede a umidade relativa do ar.

2. Precipitação atmosférica no estado sólido.

3. Instrumento que mede a quantidade de chuva.

4. Unidade de medida da quantidade de chuva.

VERTICAIS

1. Nuvens formadas acima de 6.000 metros de altitude, com o aspecto de penas brancas.

2. Resultantes do choque entre duas massas de ar com temperaturas, umidades e velocidades diferentes.

3. Estudo dos fenômenos atmosféricos para a previsão do tempo.

4. Precipitação atmosférica no estado cristalino.

26. O ar e a nossa saúde

Renovação natural de oxigênio: fotossíntese realizada por algas aquáticas e pelas plantas terrestres. Consumido pelos seres vivos por meio da respiração.

Microrganismos patogênicos (causadores de doenças) transmitidos pelo ar: bactérias (esféricas, ou **cocos**, e alongadas, ou **bacilos**) e vírus.

Ação bacteriana: produção de **toxinas** (substâncias venenosas que atacam órgãos diversos).

Ação virótica: reprodução utilizando o material celular, destruindo-o.

Principais bacterioses	Causadores	Principais sintomas
Tuberculose	Bacilo de Koch	Tosse catarral, febre, emagrecimento, perda de apetite e suores noturnos.
Pneumonia	Pneumococo	Febre elevada com calafrios, falta de ar, dores nas costas, tosse e catarro.
Meningite	Meningococo	Febre elevada, dores de cabeça e enrijecimento dos músculos da nuca.
Coqueluche	*Bordetella pertussis*	Tosse forte e catarral, provocando perda de fôlego.
Difteria	Bacilo diftérico	Febre elevada, inchaço da faringe e laringe, provocando asfixia.

Principais viroses	Principais sintomas
Sarampo	Febre e manchas avermelhadas pelo corpo.
Caxumba	Inchaço das glândulas salivares.
Rubéola	Febre moderada e manchas rosadas no corpo. Perigosa na mulher grávida.
Poliomielite	Febre, vômitos, dores de cabeça, espasmos (contrações involuntárias dos músculos) e paralisia dos membros.
Gripe	Dores de cabeça, mal-estar geral, febre, coriza e tosse.

Defesas contra viroses e bacterioses – **vacinas**:

As vacinas fazem o nosso corpo produzir defesas contra os micróbios patogênicos: os anticorpos.

I. **BCG**: contra a tuberculose.

II. **Sabin**: contra a poliomielite.

III. **Tríplice**: contra coqueluche, difteria e tétano.

1. De que maneira o oxigênio da natureza é renovado?

2. Como proteger a natureza para manter o oxigênio na atmosfera?

3. Como podemos renovar o ar de nossas casas?

4. Quais são os principais micróbios presentes no ar?

5. Quais são as principais formas em que se apresentam as bactérias?

6. Como agem as bactérias patogênicas (as que produzem doenças) quando entram em presença de um organismo sadio?

7. Complete o seguinte quadro:

Doença	Causador	Principais sintomas
	Bacilo de Koch	Tosse catarral, perda de apetite, emagrecimento, febre e suores noturnos.
	Pneumococo	
Meningite		
	Bordetella pertussis	

8. Como agem os vírus dentro das células?

9. Como não há remédios contra a ação dos vírus, o que deve fazer um doente atacado por esses micróbios?

10. Associe corretamente a coluna da esquerda com a coluna da direita.

(a) sarampo ( ) inchaço das glândulas salivares, febre e dor de ouvido

(b) caxumba ( ) dores de cabeça, mal-estar geral, febre, faringite, tosse, coriza e espirros

(c) poliomielite ( ) febre, pequenos pontos brancos na porção interna das bochechas e manchas avermelhadas espalhadas pelo corpo

(d) gripe ( ) febre, vômitos, dores de cabeça, dores e espasmos musculares, mal-estar geral e paralisia principalmente dos membros inferiores

(e) rubéola ( ) febre baixa e manchas rosadas pelo corpo

11. Decifre as charadas e coloque a resposta nos quadrinhos em branco. Para ajudar, as respostas correspondem ao número de letras dos quadrinhos e há o banco de sílabas para consultar.

Nos quadrinhos em destaque, você encontrará as letras que correspondem ao nome de um cientista francês que criou um método geral de vacinação.

Use o banco de sílabas e vá riscando as que forem utilizadas, para facilitar sua tarefa.

> an – ba – béo – ca – ce – cor – es – gê – la – mo – ni – pa – pas – pli – po – pos – ram – ru – co – sa – ti – to – trí – xum

a) Micróbio que causa doença.
☐☐☐☐☐☐☐☐

b) Substâncias produzidas no organismo por estímulo das toxinas.
☐☐☐☐☐☐☐☐

c) Virose que se manifesta por manchas avermelhadas pelo corpo.
☐☐☐☐☐

d) Vacina contra coqueluche, tétano e difteria.
☐☐☐☐☐☐☐

e) Contração súbita e involuntária dos músculos.
☐☐☐☐☐☐

f) Virose que se manifesta com inflamação das glândulas salivares.
☐☐☐☐☐☐

g) Virose que traz sérios perigos na época da gravidez.
☐☐☐☐☐☐

Resposta: _____.

ECOLOGIA

27. Os fundamentos da Ecologia

Ecologia: relação entre os seres vivos e o ambiente.

Seres vivos

Cadeia alimentar:

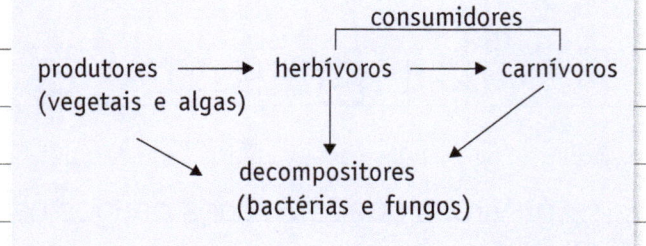

```
                   consumidores
                ┌──────────────┐
produtores  →  herbívoros  →  carnívoros
(vegetais e algas)   ↓            ↓
                ↘ decompositores ↙
                  (bactérias e fungos)
```

A zebra é um herbívoro que come capim.

O leão é um carnívoro que come zebra.

Fotossíntese:

$$\text{Água + Gás carbônico} \xrightarrow{\text{Luz}} \text{Glicose + Oxigênio + Água}$$

Respiração:

$$\text{Glicose + Oxigênio} \rightarrow \text{Gás carbônico + Água + Energia}$$

Ambiente:

Fatores	
Físicos	Químicos
luz temperatura pressão umidade . . .	água (H_2O) oxigênio (O_2) gás carbônico (CO_2) sais minerais . . .

Espécie: Indivíduos semelhantes que se entrecruzam.

Espécie A + Espécie A = População
População A + População B = Comunidade
Comunidade + Ambiente = Ecossistema

População de leões em seu ecossistema: a savana.

1. Explique:

   a) O que é ecologia?

   b) Quais são os fatores do ambiente de que os seres vivos necessitam para viver?

2. Forme frases utilizando as palavras:

   a) sobreviver – plantas – ambiente – água – gás carbônico – sais minerais – luz.

   b) sobreviver – animais carnívoros – animais herbívoros – vegetais.

   c) sobreviver – animais – vegetais – oxigênio – fotossíntese.

3. Qual é a importância da luz para os seres vivos?

4. O que é um ecossistema? Dê um exemplo.

5. O que é uma comunidade? Dê um exemplo.

6. Complete:

a) comunidade + ambiente =

b) população A + população B =

c) espécie A + espécie A =

7. Observe os fatores e as setas e escreva nos quadros os nomes dos processos:

Responda, ainda, o seguinte:

a) Que tipos de seres vivos realizam o processo A?

b) Que tipos de seres vivos realizam o processo B?

8. Associe corretamente a coluna da esquerda com a coluna da direita:

(a) ecossistema   (　) indivíduos semelhantes que se entrecruzam

(b) comunidade   (　) conjunto de seres da mesma espécie

(c) população   (　) conjunto de populações

(d) espécie   (　) seres vivos + ambiente

9. Num ecossistema há os seguintes seres: lebre, bactéria, capim e onça.
Organize com esses seres uma cadeia alimentar, indicando os vários níveis da cadeia:

10. Nas cadeias alimentares há o produtor, o consumidor herbívoro, o consumidor carnívoro e o decompositor. Nas figuras a seguir, identifique os componentes desta cadeia alimentar:

a)

Tigre

b)

Cogumelo

c)

Ovelha

d)

Vegetal

11. No esquema abaixo você tem várias cadeias alimentares que se relacionam.

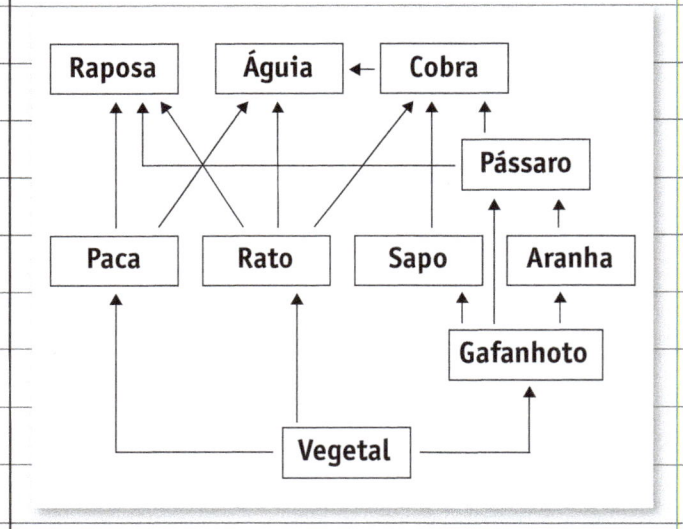

a) Escreva pelo menos três cadeias alimentares.
b) Escreva uma cadeia alimentar que possui seis componentes.

28. Como os seres vivos se relacionam no ambiente

Há várias formas de relação entre os seres vivos no ambiente. Essas relações podem ser harmônicas ou desarmônicas (negativas).

Sociedade: os indivíduos da mesma espécie dependem uns dos outros, formando castas (grupos de mesma função). Exemplo: abelhas, formigas e cupins.

Abelhas: vivem em sociedade.

Comensalismo: um indivíduo aproveita as sobras da alimentação de outro de espécie diferente, sem prejudicá-lo. Exemplos: urubu e hiena.

Hiena: é comensal dos carnívoros.

Inquilinismo: um indivíduo usa outro de espécie diferente para abrigar-se ou proteger-se. Exemplo: caranguejo ermitão que vive dentro de conchas vazias.

Mutualismo: indivíduos de espécies diferentes prestam benefícios recíprocos. Exemplo: pássaros que comem carrapatos dos rinocerontes.

Predatismo: um ser (predador) captura e mata outro (presa), de espécie diferente, que lhe serve de alimento. Exemplos: leão, tigre, águia e muitos outros.

Águia: é uma ave predadora.

Parasitismo: uma espécie (parasita) vive externa ou internamente em outra (hospedeiro) de espécie diferente, lesando-a, podendo mesmo matá-la, obtendo dela alimentos. Exemplos: piolho, carrapato, vírus, bactérias, vermes e outros.

Competição: dois ou mais seres da mesma espécie ou de espécies diferentes utilizam-se dos mesmos recursos do ambiente, quando estes são insuficientes para todos.

Lembre que:

O parasitismo, o predatismo e a competição constituem fatores que evitam o crescimento excessivo das populações.

1. O caracará-branco, ou gavião-carrapateico, tem decidida predileção pelos carrapatos e, por isso, acompanha o gado para catar esses animaizinhos incômodos, da mesma forma como o faz o anu.
Que relações ecológicas se encontram nesse texto?

2. Escreva **V** ou **F** nos parênteses conforme a afirmação seja verdadeira ou falsa, respectivamente. Em seguida, justifique as afirmativas falsas:

a) ( ) Muitas orquídeas vivem apoiadas nos galhos de árvores. Elas são plantas parasitas de árvores.

b) ( ) A rêmora (peixe-piolho) é um peixe que nada agarrado ao corpo do tubarão e se aproveita dos restos de alimentos deixados por ele. Entre o tubarão e a rêmora há uma relação de parasitismo.

c) ( ) Entre a pulga e o rato há uma relação de parasitismo.

d) ( ) As formigas vivem em sociedades.

e) ( ) O excesso de crescimento das populações é bloqueado pela competição e pelo predatismo.
Justificativa(s):

Nas questões que se seguem, coloque um **X** nos parênteses das alternativas corretas:

3. As aranhas procuram atacar os pulgões, e as formigas os defendem. Elas se alimentam de uma gota de seiva elaborada que fica pendente no ânus dos pulgões, pois esses insetos costumam sugar avidamente a seiva orgânica dos vegetais. Entre formigas e pulgões ocorre uma relação ecológica conhecida como:

a) (   ) mimetismo
b) (   ) sociedade
c) (   ) comensalismo
d) (   ) mutualismo
e) (   ) competição

4. Cupins, bovinos, piolhos e onças são, respectivamente:

a) (   ) predadores, herbívoros, predadores, carnívoros

b) (   ) sociais, carnívoros, parasitas, mutualistas

c) (   ) parasitas, herbívoros, mutualistas, carnívoros

d) (   ) sociais, herbívoros, parasitas, carnívoros

e) (   ) parasitas, herbívoros, predadores, comensais

5. Há um pássaro africano que se alimenta de restos de alimentos que ficam retidos nos dentes dos crocodilos. Este é um caso de:

a) (   ) parasitismo
b) (   ) anabolismo
c) (   ) predatismo
d) (   ) inquilinismo
e) (   ) comensalismo

6. A luta entre os machos de uma população pela posse das fêmeas e delimitação de seus territórios é um modo de controlar o tamanho da população por meio de:

a) (   ) fatores do ambiente
b) (   ) predação
c) (   ) sucessão ecológica
d) (   ) expansão do nicho ecológico
e) (   ) competição

7. Os pulgões alimentam-se da seiva elaborada produzida pelas folhas dos vegetais. A relação ecológica entre o inseto e a planta pode ser classificada como:

a) (   ) predatismo
b) (   ) comensalismo
c) (   ) mutualismo
d) (   ) parasitismo
e) (   ) inquilinismo

8. Resolva as seguintes palavras cruzadas:

HORIZONTAIS

1. Um ser de uma espécie aproveita os restos da alimentação de outra espécie.
2. Agrupamento de abelhas numa colmeia.
3. O pepino-do-mar abriga em seu intestino, sem que lhe cause nenhum prejuízo, o peixinho *Fierasfer*.
4. Os sapos inflam seus papos e coaxam tentando atrair fêmeas na época da reprodução.

VERTICAIS

1. Leões e zebras.
2. Lombrigas e crianças.

29. Os desequilíbrios ecológicos

Causas dos desequilíbrios ecológicos:

I. **Desmatamentos:** alterações climáticas, desaparecimento de abrigo e locais para construção de ninhos para muitas espécies, desequilíbrio de cadeias alimentares, erosão, empobrecimento do solo.

II. **Poluição ambiental:** (entrada de componentes químicos estranhos ao ambiente ou aumento excessivo dos que existem no ambiente.)

a) das águas: esgotos, agrotóxicos, produtos químicos industriais, detergentes não biodegradáveis e petróleo jogados na água dos rios e mares;

b) do ar: gases lançados por indústrias e veículos automotores:

- gás carbônico: aumento do efeito estufa;
- monóxido de carbono: impede a combinação do oxigênio com a hemoglobina do sangue, causando asfixia;
- dióxido de enxofre e dióxido de nitrogênio: produzem a chuva ácida, que provoca a corrosão de objetos metálicos e prejuízos à saúde;
- CFC (clorofluorcarbono): destruição da camada de ozônio, gás que protege a Terra contra o excesso de radiações ultravioleta.

Eutrofização: fenômeno causado pelo excesso de matéria orgânica nos rios.

A matéria orgânica serve de alimento a muitas bactérias, provocando sua multiplicação. Aumentando a quantidade de bactérias, cresce o consumo de oxigênio utilizado em sua respiração. Com a diminuição do teor de oxigênio na água, os seres que aí vivem acabam morrendo.

1. Quais são as consequências do desmatamento numa região?

2. Qual é a consequência do empobrecimento do solo numa região?

3. O que você entende por poluição ambiental?

4. Cite alguns fatores que estão provocando os desequilíbrios no ambiente atual.

5. Quais são os principais componentes de um rio poluído?

6. Qual é a consequência da presença de matéria orgânica nos rios?

7. Marque **certo** ou **errado** e justifique as afirmativas erradas:

a) O monóxido de carbono produz irritação nos olhos, distúrbios respiratórios e corrosão em objetos metálicos.
( ) certo ( ) errado

b) Os efeitos da poluição são menos intensos durante o inverno.
( ) certo ( ) errado

c) O principal poluente nos mares é o petróleo eliminado de navios transportadores desse combustível.
( ) certo ( ) errado

d) Ingerir água de um rio que recebeu esgoto pode causar intoxicações e verminoses.

( ) certo   ( ) errado

Justificativa(s):

9. Cite algumas medidas para evitar a poluição dos rios.

8. Associe corretamente a coluna da esquerda com a coluna da direita:

(a) monóxido de carbono

(b) dióxido de enxofre

(c) inverno

(d) educação e bom senso

( ) atitude do ser humano prudente para conservar o ambiente

( ) aumento dos efeitos da poluição atmosférica

( ) ardor nos olhos e corrosão de metais

( ) asfixia

Nas questões que se seguem, coloque um **X** nos parênteses da alternativa correta:

10. Produz a chuva ácida:

a) ( ) o CFC

b) ( ) as radiações ultravioleta

c) ( ) o dióxido de enxofre

d) ( ) o nitrogênio

e) ( ) os sais de chumbo emanados das chaminés de fábricas

11. Assinale o item que **não** colabora para minimizar a poluição da cidade:

a) (   ) colocação de filtros nas chaminés das fábricas
b) (   ) instalação de indústrias em zonas urbanas
c) (   ) proibição do uso de CFC em *sprays*
d) (   ) substituição de pesticidas por controle biológico de pragas
e) (   ) regulação periódica dos motores dos veículos

12. Considere os seguintes acontecimentos que se desenvolveram na poluição de um rio por esgotos:

I. Crescimento do número de bactérias, aumentando o consumo de oxigênio utilizado em sua respiração.
II. Utilizando a matéria orgânica como alimento, muitas bactérias se multiplicam.
III. Diminuição do teor de oxigênio na água. Muitos seres que aí vivem acabam morrendo.

A ordem lógica dos acontecimentos é:

a) (   ) I - II - III
b) (   ) III - II - I
c) (   ) II - I - III
d) (   ) III - I - II
e) (   ) I - III - II

ANOTAÇÕES